平凡社新書
895

公文書問題と日本の病理

松岡資明
MATSUOKA TADAAKI

HEIBONSHA

公文書問題と日本の病理●目次

第Ⅱ部　公文書管理をめぐって………59

はじめに――理念なき公文書管理

一〇〇年ほど前に、ある警告が福島が生んだ偉人、朝河貫一《あさかわかんいち》によってなされていた。朝河は、日露戦争に勝利した後の日本国家のありように警鐘を鳴らす書『日本の禍機』を著し、日露戦争以後に「変われなかった」日本が進んでいくであろう道を、正確に予測していた。

「変われなかった」ことで、起きてしまった今回の大事故に、日本は今後どう対応し、どう変わっていくのか。これを、世界は厳しく注視している。この経験を私たちは無駄にしてはならない。国民の生活を守れなかった政府をはじめ、原子力関係諸機関、社会構造や日本人の「思いこみ（マインドセット）」を抜本的に改革し、この国の信頼を立て直す機会は今しかない。この報告書が、日本のこれからの在り方について私たち自身を検証し、変わり始める第一歩となることを期待している。

冒頭に引用したこの文章は、東京電力福島第一原子力発電所事故の原因を調査・検証するため憲政史上初めて国会が設置した第三者機関、「東京電力福島原子力発電所事故調査委員会」（国会事故調、黒川清委員長）がまとめた報告書からの引用である。

法制史の研究で今なお、世界的に名声を博す朝河は、日露戦争に勝利した後の日本の大陸権益伸長の行動を冷静に分析し、戦争の大義として唱えた中国主権、門戸開放に背く行為であると指摘、対外政策を改めない限り、欧米、特に米国との衝突は必至と警告した。日露戦争終結からわずか五年後のことである。

事故調の報告書は二〇一二年七月に公表となり、国会に託された。衆院議長、参院議長にあてた文章の最後は「皆さまの英知を結集して、山積した課題に取り組んでいただきますよう、ここに心からお願い申し上げます。我々の約半年間の活動が、今なお避難を余儀なくされている皆さまの将来と日本の未来に少しでもお役に立つことを願い、御報告の言葉とさせていただきます」と結ばれている。

世界を震撼させた福島原発事故から七年余。黒川委員長をはじめとする一〇人の委員、職を投げうってこの調査委員会に馳せ参じた人たち、国会図書館職員らは日本がより良く変わることを切望してこの報告書をまとめ上げた。だが、残念ながら、期待は裏切られ続けている。というよりむしろ、「より良く」の真逆の方向に進んでいるようにみえる。

「アーカイブズが社会を変える」と題した新書を平凡社から出版してから七年余の歳月が流れた。二〇〇九年制定の「公文書の管理等に関する法律」、いわゆる公文書管理法が施行されたのも同じ一一年四月であった。公文書をはじめとするアーカイブズ（記録資料）を適正に残し、活用することによって社会は少しずつでも良いものになるのではないかとの思いを込めてタイトルをつけた。

法律が施行される約三週間前の三月一一日には東日本大震災が発生し、公文書管理法は施行当初からいきなりその真価を試されることとなった。そして、施行後一年を経ないうちに、震災からの復興を目指して開かれた政府の重要会議のいくつかで議事録がつくられていなかった事実が発覚、運用が適切になされていない実態が露呈した。

以来、様々な課題が提起されたが、一七年二月に至って、大阪府豊中市の学校法人、森友学園に国有地が不当な価格で売却されたのではないかとの疑惑が浮かび上がったのをはじめとして、公文書が適切に管理されていないことに対する批判が起きた。獣医学部新設を巡る加計《かけ》学園問題、陸上自衛隊南スーダン派遣ＰＫＯ部隊日報隠蔽《いんぺい》問題など次から次へと問題が明らかになり、ついには公文書の改ざんという前代未聞の違法行為に財務官僚が手を染めていたことが明らかになった。

これほどまでに問題が起きるのはなぜなのか、何が問題を起こさせるのかを突き止めるとともに、その解決策を見いだせなければ、日本は国際社会から信用されない国に堕してしまうおそれがある。公文書をはじめとする記録に基づいて事の良し悪しを判断するのが世界の常識だからである。

日本では役所、企業に限らず、記録に残すことや記録した文書の管理などは二の次、三の次にされることが珍しくない。選挙の争点にもならない。しかし、このようなことを続けていてよいのだろうか。記録やそれを記した文書は、「行《おこな》い」の後からついてくるのではない。「行い」と同時に始まる。記録に残そうとする心構えがあって初めて「行い」をより良いものにしていける。国家、企業、そして国民がいよいよ本気になってこの問題に取り組まなければ、日本は二一世紀国際社会の落伍者となることは必定《ひつじょう》と言えるだろう。

それにしてもこの国では、あまりにも記録（文書）が疎《おろそ》かにされ過ぎた。とはいえ、現実は一日一日の積み重ねだから、「煩《わずら》わしい作業は後回し」と思ったら最後、まともな記録など残らない。記録すなわち文書を残す行為とは、言ってみれば私たちの「足元」にまつわりついて離れない、放っておきたくても放っておけない一種独特の存在だからである。一見すると、どうということはないように見えるのだが、どこかで折り合いをつけておかなければ、足に絡みついて転倒しかねない。まして進む道に凹凸があったり、曲がりくねったりしていれば、危険このうえない。

第I部　噴出した公文書問題

1　森友学園問題が浮かび上がらせたもの

二〇一六年秋から一七年前半にかけて、公文書に関連する問題が相次ぎ発覚した。森友学園問題、加計学園問題、陸上自衛隊南スーダン派遣ＰＫＯ部隊日報廃棄問題などである。いずれも公文書と密接に絡む問題だが、それぞれに共通する要素と全く異なる要素が交じり合っていて問題の所在を難しくしている。「モリ・カケ問題」などと興味を引きそうな名前をつけて一緒に扱うと、問題点がさらにわからなくなるから注意が必要だ。最初に、森友問題からみてみよう。

情報公開請求が端緒

二〇一八年三月一三日付け新聞各紙の朝刊一面は「森友14文書改ざん」「財務省公文書改ざん」「昭恵氏の名前も」などの大見出し、中見出しで埋め尽くされた。財務省による、前代未聞の不祥事。真相はいまだ解明されていないが、国の政策がどのようにして決定されたかの証拠となる記録（公文書）を改ざんする行為は、社会の根幹を揺るがす重大事件である。

森友学園の問題は、大阪府豊中市の木村真市議が国有地売却に不審なものを感じて一六年九月、財務省近畿財務局に情報公開請求したことに始まる。近畿財務局は価格などを黒塗りして公開。木村市議は一七年二月八日、不開示決定の取り消しを求める訴訟を大阪地裁に起こした。翌九日付で朝日新聞が報道したことが影響したか、財務局は一〇日に価格を公表した。鑑定価格九億五六〇〇万円の土地が、地下の埋蔵物撤去に要した費用八億二二〇〇万円を差し引いた一億三四〇〇万円で売却されていたことが明らかになった。

豊中市野田町にあるその土地は元々、運輸省航空局（現国土交通省）が伊丹空港（大阪国際空港）の航空機騒音対策の一環として移転補償の住民から買収した土地である。買収は一九七四年（昭和四九年）度から一九八九年（平成元年）度にかけて行われ、その後豊中市が実施した区画整理事業によって散在していた土地が二ヵ所に集約された。

一九八七年（昭和六二年）に航空機騒音防止法が改正され、騒音区域が縮小となったため行政財産として存続する必要がなくなり、九三年（平成五年）一月に普通財産となった。二年後の九五年（同七年）一月に阪神・淡路大震災が発災、豊中市はこの場所に防災を目的とした公園の整備を計画した。

新聞各紙が１面トップで報道した財務省の公文書改ざん

市議会は公園建設を一九九九年（同一一年）に決議。土地は一本の道路を挟んで東側に九四九二平方メートル、西側に八七七〇平方メートルあったが、両方の土地を購入するのは財政的負担が大き過ぎるとの判断から、市立第十中学校に隣接する東側の土地を二〇一〇年（平成二二年）三月に購入した。購入金額は一四億二三〇〇万円であった。西側の土地が小学校の建設用地となった。

　木村市議が調べてみると、土地登記簿上の所有者は運輸省になっていた。本来、建設される学校法人の所有でなければならないはずなのに、運輸省の所有とはいかなる理由によるのか、問い合わせてみた。すると、近畿財務局の国有財産統括官は「一〇年間の定期借地権で貸しており、その期間内に売却に切り替える契約」であると答えた。賃貸料については「言えない」との答えが返ってきた。公共団体である豊中市に購入を迫る一方で、森友学園には貸付を認めるのは不合理ではないかと思った木村市議は、行政機関の保有する情報の公開に関する法律（情報公開法）に基づいて情報の開示請求をした。

文書の改ざん発覚

森友学園問題は大阪市で幼稚園を経営していた森友学園の籠池泰典《かごいけやすのり》理事長（肩書は問題発覚当時、以下同）が、復古主義的な小学校の経営を思い描き、大阪府豊中市の国有地に立地しようと考えたことに始まる。ただ、学園の経営は決して楽ではなかったため、国有地購入は容易ならざる問題であった。このため購入ではなく貸付という通例とは異なる対応を国に求めた。そのあたりから事態はおかしな方向に進んでいったと考えられる。

貸付処理を実現するため二〇一三年（平成二五年）八月、鴻池祥肇《こうのいけよしただ》参議院議員秘書の紹介で近畿財務局、さらには土地を保有していた大阪航空局を訪れ、直談判に及んだ。籠池氏は交渉を重ねる過程で安倍晋三首相夫人の昭恵氏が学園を訪れたときの写真を近畿財務局に披瀝《ひれき》するなど巧みな交渉手腕を発揮、平沼赳夫《たけお》衆院議員、故鳩山邦夫衆院議員ら政治家の側面支援もあってか首尾よく貸付料の引き下げに成功し、一〇年以内の買い取りを前提とした定期借地貸付契約を一五年（平成二七年）五月に結んだ。契約は翌一六年六月に売買契約に切り替わるが、その際、購入予定の土地から新たにゴミが見つかったとして、最終的に八億円以上の値引きとなった。

その後、近畿財務局は廃棄処理業者に対し、実際以上に多額のコストがかかったように口裏合わせを依頼するなど想像を絶する工作まで行っていたことが明らかになった。一年余の間に次々と新事実が明らかになり、ついに文書の改ざん発覚に至った。国有地取引の際に財務省が作成した決裁文書と問題発覚後に国会議員に開示された文書の内容に違いがあることを朝日新聞が特報（一八年三月二日付）したことによる。

財務省が国会に提出した調査報告書によると、改ざんされた文書は「普通財産決議書」「普通財産売払決議書」「普通財産の貸付に係る特例処理について」「未利用国有地等の処分等の相手方の決定通知について」など二〇一五年四月二五日から一六年六月一四日までの間に作成された決裁文書一四件であった。

大阪地検特捜部が捜査を進めたが、一八年五月末、佐川宣寿《のぶひさ》前国税庁長官らを不起訴処分とした。削除された記述は一部分で、文書の根幹は失われていないとの判断による。しかし様々な政治家がかかわったという、都合のよくない事実を覆い隠し、捻じ曲げようとした行為があったことは紛れもない事実であり、そのために問題の関係者は公文書書き換えという、神をも恐れぬ所業にまで手を染めてしまった。五〇年後、一〇〇年後、この問題にかかわった人々は自分たちがどのように評されるのか、想像してみたことはあるのだろうか。

公文書の管理を規定した法律

公文書の管理は、二〇〇九年六月に制定、一一年四月に施行された公文書の管理等に関する法律（公文書管理法）に基づいて行われる。すべての政策は口頭による指示などではなく、文書に基づいて実行に移される。これを文書主義といい、文書の作成から整理、保存、そして保存期限が満了すると廃棄もしくは移管となり、公文書館などに移管された文書は半永久的に保管されて公開の対象となる。保存期間は普通、長いもので三〇年、短いものは一年で寿命を終える文書もある。その根拠となっている法律が公文書管理法である。

日本では施行されて一〇年に満たないが、欧米などでは五〇年以上前に法律ができ（例イギリス公記録法・一九五八年）、国としての統一的な文書管理が行われてきた。これに対し、日本では各省庁が個別に規則を定めて運用してきた。しかし、実態としては各省庁のなかでも部、課ごとの運用が主で、極端に言えば、担当者によって保管の状況が異なることも珍しくなかった。

それを改めたのが公文書管理法である。しかし、施行後七年余を経過したに過ぎず、人間でいえば、よちよち歩きの状態に近い。公文書管理研修なども行われているが、公務員の意識のなかにしっかり根付いたとはまだ言えない状態である。以前に比べて文書を紛失したり、行方がわからなくなったりする事例は減ったが、「文書は公《おおやけ》のもの」という意識は今もなお、十分には浸透していない。経験を積んだ公務員ほどそのような傾向が強いと言われる。

管理簿に載らない「保存期間一年未満文書」

森友学園問題では、近畿財務局が二〇一三年六月頃から国有地の取得希望者を公募。希望した学園との間で交渉が始まった。しかし、森友学園は資金的に余裕がなかったため、しばらくは土地を借りる形で学校を運営、一定期間後に購入するという契約を交わせないかと考えた。

このため籠池理事長は鴻池祥肇元防災担当相の事務所に協力を仰ごうとして同年八月、相談を持ち掛けた。事務所が財務局に感触を探ると、大阪府が権限を持つ学校設立認可のお墨付きに加え、土地賃借の決定が必要とわかった。学園が財務局との間で、一定期間の借用後に購入するという内容の契約を交わしたのは一五年五月であった。

二月初めの問題発覚によって国会での追及が始まることになり、野党は衆参両院での予算審議中に延べ二六件の資料提出や調査を政府に要求（朝日新聞四月一日付）した。しかし、交渉経緯の記録については「廃棄して残っていない」と説明、要求通りに応じたものは四件にとどまり、一部提出五件を含め計九件、要求の三分の一にあたる資料を提出したに過ぎなかった。売買契約をめぐって近畿財務局と学園の間で行われた交渉、面談の記録は財務省の行政文書管理規則によって保存期間が一年未満とされ、「売買交渉が終了したため文書は廃棄した」と説明した。

公文書管理法では、文書を「行政文書ファイル管理簿」に記載して保存管理するように規定している。ただ、ファイル管理簿に記載するのは保存期間一年以上の文書が対象で、一年未満の文書については記載する必要もなく特段の規定がなかった（その後運用基準を改定、後述）。このため、保存期間を一年未満に設定しておけば、廃棄しても何の痕跡も残らない。表に出ると都合の悪い文書を「保存期間一年未満」にしておけば、安心して廃棄できた。

会計検査院の検査で疑惑強まる

森友問題が二〇一七年二月に発覚した後、三月には籠池氏の国会証人喚問が行われたが、真相解明は遅々として進まなかった。事態が大きく動いたのは同年一一月、会計検査院が八億円余の値引きについて、「十分な根拠が確認できない」との報告を国会に提出したことによる。

国は敷地に埋まっているゴミの量を計約一万九五〇〇トンと推計し、評価額から八億円余を差し引き約一億三四〇〇万円で学園に土地を売却した。しかし、近畿財務局からゴミの量の推定を依頼された大阪航空局は、ゴミが出た試掘穴だけを抽出して混入率を四七・一%としたのに対し、検査院は、ゴミが出なかった試掘穴も含めて三一・七%が妥当とした。検査院はまた、ゴミを撤去する対象となる土地の面積やゴミが埋まっている深さなどについても明確な根拠がないとして、ゴミの処分量を独自に試算。その結果、少ない場合約六二〇〇トン、多くても約一万四〇〇〇トンとした。

またこの土地を巡っては、二〇一六年の購入時の値引きが行われる前の二〇一五年、学園は汚染土などを撤去、その費用として約一億三〇〇〇万円を国が支払っている。検査院はこの費用についても過大であったと結論した。ただ、ゴミの処分単価の内訳に関する資料がないため八億円余の値引きが適正であったか否かは「責任をもって示すことは困難」とした。

検査院は財務局と森友学園の間で行われた協議文書をはじめとして様々な関連文書の提出を求めた。しかし、保存期限を満了したか一年未満の文書であるなどの理由で多くの文書が廃棄されていた。このため、経緯の十分な検証ができない状況であり、財務省、国交省に対し、文書管理の改善が必要と指摘した。

また、売買交渉する中で財務局職員が「一億三〇〇〇（万円）を下回る金額というのはない」と学園側に伝えたとする音声データがあったことが検査院報告に前後して明らかになった。衆院予算委員会での質問に、太田充理財局長はあっさり認めた。ただ二〇一五年に学園が行ったゴミ撤去費用を意識したもので、事前に具体的な売却額を示したものではないと否定した。

一四の決裁文書、三〇〇カ所を改ざん

改ざんは一四の決裁文書の計三〇〇カ所前後に及んだ。たとえば改ざん文書の一つである「貸付決議書①『普通財産決議書』（貸付）」のなかに「本件処理に至る経緯」がある。

そこでは「貸付処理は、特例的な内容となることから、貸付通達　記の第一節の第一一

の一に基づき理財局長の承認を得て処理を行うこととした」と文章が記されていた。改ざんの結果、「貸付処理は、貸付通達の記の第一節の第一一の一に基づき理財局長の承認を得て処理を行うこととした」となり、「特例的な内容となることから」がすっぽり抜け落ちた。

同じく「本件の処理について」に付随する文書「今後の貸付料の改定、増額請求等の事務については、本件の特殊性を踏まえて、当局と大阪航空局とで協議を行い、事務の担当を決定するものとする（場合により大阪航空局から改めて依頼文書を徴して当局で処理を行う）」は、改ざんによってすべて削除された。また「売買予約契約の締結」に関して「売買予約契約書は国有財産関係通達に標準契約書式がないため、当局統括法務監査官（所属法曹有資格者）作成の原案に基づき、大阪航空局との調整を了して作成。売買予約契約書の別紙に……」とする文書はタイトルの「売買予約契約の締結」だけを残してすべて削除された。

さらに、学園との土地取引に関連して記載された鴻池元防災相のほか、平沼赳夫元経済産業相、鳩山邦夫衆院議員ら複数の政治家の名前のほか、安倍首相夫人の昭恵氏の名前なども改ざん後の文書ではすべて削除されていた。

国有財産地方審議会で質問噴出

一四の決裁文書の記述すべての辻褄《つじつま》が合うように文章を削除したり、書き換えたりする手間は想像を絶するものであったと思われる。六月四日に財務省が発表した調査結果では、改ざんや交渉記録廃棄の方向性を決定づけたのは佐川宣寿前局長だとしたが、そのような決断をした際の心境はどのようなものであったのだろうか。

逆に考えれば、近畿財務局は森友学園に対しての国有地売買の経過を克明に記録に残そうとしたとも言えるのかもしれない。国有地払い下げなどの案件に政治家が絡むのは珍しくないらしい。しかし、いくら敷地からゴミが出たからといって近隣と比較して一〇分の一の価格で売却するというのはあまりにも特異な事例といえる。

国有地売却について良し悪しを審議する場でも、委員の多くは森友学園への国有地売却に疑問を抱き、質問を浴びせた。二〇一五年（平成二七年）二月一〇日に開催された国有財産近畿地方審議会である。以下は、いずれも会議録からの引用である（肩書は当時）。

「基本的に学校は自ら土地を保有しておらないと駄目だというのは、もうはっきりしているわけですね。（中略）基本的には土地を買ってもらうというのが前提ですから」（角《すみ》和夫

委員・阪急電鉄株式会社代表取締役会長）。
「その一〇年以内に売買にこぎ着けられるかどうかは極めて不明確であると、そこの確認だけはしておきたいということです」（角野《かどの》幸博委員・関西学院大学教授）
「順調にいっても八年後に換価と。少し躓《つまず》くとたぶん定借の延長ということになって、一〇年を超えて換価できないという状態になるのですけど、この特別会計のほうでは、そういう一〇年を超えるような期間、換価できない状態というのは許容されるのでしょうか。問題ないのでしょうか」（藪野恒明委員・弁護士）

国有地払い下げの審議会は、私立学校の設置を認可するか否かを判断する大阪府私立学校審議会の審議結果を受けた形で行われたが、国有地払い下げ審議会の委員は森友学園の経営には不透明さが目立つとの判断に傾いていたようである。その二週間ほど前の一月二七日に開かれた私学審議会でも同様に、学校運営や財務に疑問を示す声が委員から相次ぎ、結局、寄付金の受け入れ状況や入学者の確保、教育内容などを追加報告することを条件に「認可適当」の答申を出していた。

それはともかく、近畿地方審議会の中野会長は「私学審議会の中で検討してチェックしているということでございますから、言葉が悪いのですけれども、それを売却するほうは信用するしかないという形だと思います」と述べている。私学審議会委員の一人は「書類がそろっていれば認めざるを得なかった。ただ、認可適当とするのは違和感があった」と朝日新聞のインタビューに答えている。

国有地近畿地方審議会における委員たちの発言からうかがえるのは、国などの行政機関が決定した方針に正面から異を唱えることの難しさである。疑問を持ったとしても、核心にはなかなかたどり着けない。

その最大の要因は、行政機関と審議会委員との間の圧倒的な情報量格差である。改ざんされた文書の量を見ただけでも情報量の多さは想像がつく。書き換えは、問題が発覚した二〇一七年（平成二九年）二月下旬から四月に行ったと太田充理財局長は国会で証言しているが、これだけ膨大な量の文書書き換えを行うには事細かな情報の突き合わせが不可欠であったはずである。

麻生太郎財務相が語るように佐川元理財局長が国会答弁の整合性を図るために公文書改ざんを指示したのか、はたまた政治家に対する忖度《そんたく》が働いたのか、二〇一八年五月現在ではは っきりしたことは言えない。しかし、公文書問題には一定のパターンがある。事実を暴露するニュースが報道されたとしても、行政機関はとりあえず否定の姿勢を貫く。そのうち、どこかから関連文書が断片的に出てきて追い詰められ、文書の存在を認めるというパターンである。

交渉経過を記した内部文書

換言すれば、「廃棄した」との答弁が繰り返されたとしても、文書はどこかに存在する可能性が高い。神戸学院大学の上脇博之教授が近畿財務局に対して行った情報公開請求に対し、同局は森友学園への国有地売却の内部検討記録を二〇一八年一月に公開した。「照会票」「相談記録」などとして作成された記録で、それによると学園は一六年(平成二八年)三月一一日、国有地の大幅値引きのきっかけとなる新たなゴミが地中から見つかったと国に報告した。財務局の交渉担当者は三月二四日、「(新たなゴミの)撤去費を反映させた評価額で買い取りたい」という学園の要望を受け、その日のうちに法務担当者に相談。学園は「工事の遅延で相当の損害発生が見込まれ、開校が遅延したら大変なことになる」などと主張、「土地を安価に買い受けることで問題解決を図りたい」と提案し、「無理であれば事業を中止して損害賠償請求せざるを得ない」として対応を迫ったと文書は記している。

佐川元理財局長が国会答弁のたびに「廃棄しましたので、ございません」と繰り返してきた交渉記録は、面談の記録としては残っていなかったようだが、交渉の経緯や内容を記した、財務局内部の検討文書の一部として残っていたのである。財務局の担当者は朝日新聞の取材に対し、「今回、開示したものは局内の法律相談記録で、森友学園に関する応接記録や面談メモとは異なる。（佐川元理財局長の国会答弁と）齟齬があるとは認識していない」（二〇一八年一月二三日付朝日新聞）と答えた。

情報公開請求した上脇教授は、「学園との交渉・面談内容を記載した文書の公開は不開示となったが、交渉に際して庁内で作成した報告文書、回覧文書を請求したところ、開示決定となった。内部で検討した資料があるはずと考えたのが幸いした」と説明する。情報公開に詳しい教授によれば、財政法はその九条で「国の財産は、法律に基く場合を除く外、これを交換しその他支払手段として使用し、又は適正な対価なくしてこれを譲渡し若しくは貸し付けてはならない」としている。森友学園に売却した国有地の価格は周辺と比較して一〇分の一と言われており、会計検査院は検査結果で、土中に埋まっていたゴミの量を過大に見積もっていると指摘した。検察は、土地売却にかかわった財務省職員を不起訴としたが、この決定を不当だとして木村真・豊中市議らのグループが、大阪第一検察審査会に審査を申し立てた。

果たして小学校の建設計画は森友学園・籠池夫妻の思いだけで進められようとしたのか、もしくは籠池氏が以前、代表を務めていた日本会議大阪の後押し、もしくは何らかの思惑があったのかどうか。真相は依然として闇の中にある。

森友学園問題は、財政法違反、虚偽公文書作成罪、公用文書等毀棄罪など法律を逸脱しかねない行為が権力の中枢部で行われているという事実を浮かび上がらせた。大阪地検は証拠不十分で起訴を見送るという結論に至ったが、主権者である国民が国の政策に関して正確な情報を得られなければ、民主主義は機能しない。それにもかかわらず情報はゆがめられ、国民は虚偽情報を信じ込まされる。その抜本的是正は、国民を代表し、国権の最高機関である国会自身が取り組まねばならない大きな課題ではないだろうか。国会は今、その存在意義を問われている。

2　加計学園問題の核心

幼稚園児に「教育勅語」を暗唱させるなど、教育の理念を戦前に戻したいと考える人物が思い描いた小学校建設計画は、国有地売却に絡む不正が原因で潰《つい》えた。

そこから浮かび上がったのは、都合の悪い事実を隠蔽するため、文書＝記録をなかったことにしようとしても、そう簡単に「消去」できるものではないという事実である。これに対して、加計学園問題が浮かび上がらせたのは、利害が異なる立場にある組織や人は、当然ながら記録も異なるものにならざるを得ないという事実。そして行政文書の範囲を極力、狭めようともがく政権の姿である。

「取扱注意」と記された文書

朝日新聞の二〇一七年五月一七日付一面に、「新学部『総理の意向』　文科省に記録文書　内閣府、早期対応求める加計学園計画」という見出しがついた衝撃的な記事が掲載された。

加計学園（岡山市）が国家戦略特区に新設する獣医学部について、内閣府が文科省に「官邸の最高レベルが言っている」などとして対応を迫ったとする報道である。新学部設置は「総理のご意向」であり、日時や出席者が特定された文書に記されている。記事は、朝日新聞が入手した文書を基にして書かれ、A4用紙で八枚あった。

翌日の続報には、「取扱注意」と記した文書の写真も掲載された。文書には「○○内閣府審議官との打合せ概要（獣医学部新設）」と表題が付き、「1」として「日時：平成28年9月26日（月）18：30〜18：55」とあり、「2」に「対応者：（内閣府）○○審議官、○○参事官、（文科省）○○○○課長、○○補佐」と四人の実名を記している（個人名のため、朝日新聞が掲載する際に一部を加工）。

さらに「3」に「概要：平成30年4月開学を大前提に、逆算して最短のスケジュールを作成し、共有いただきたい。成田市ほど時間はかけられない。これは官邸の最高レベルが言っていること（むしろもっと激しいことを言っている）。山本大臣も『きちんとやりたい』と言っている」などと書かれている。

岡山県などで大学を経営する加計学園の理事長、加計孝太郎氏は安倍首相の学生時代からの友人である。その加計学園が愛媛県今治市に獣医学部を新設する計画を政府が認可した。国家戦略特区の対象に指定されたためで、獣医学部の新設は実に約半世紀ぶりである。

「何年も手がつけられなかった規制の岩盤にドリルで風穴を開ける制度。総理の指示のもと、スピーディーに（規制改革の）実現をすべく関係省庁が議論を深めるのは当然のこと」と菅義偉《すがよしひで》官房長官は国家戦略特区の意義を強調したが、計画の決定は公平性を欠いていたのではないかとの疑惑が生じた。「総理のご意向」「官邸の最高レベルが言っている」といった刺激的な言葉が使われた文書は、たちまち国民の関心を引きつけた。

菅義偉官房長官は文書の信頼性を疑問視したが、野党の追及を受けた文科省や内閣府は「確認中」を繰り返すばかり。そして文科省は五月一九日、「該当する文書の存在は確認できなかった」と発表した。松野博一文科相は「（民進党議員から）要望されたものに関し、調査は尽くしたと考えている」と述べ、「これ以上の調査は不要」との考えを示した（日本経済新聞五月二〇日付）。

朝日の記事が出た一七日以降、担当課の職員らが使うパソコンの共有フォルダーと書類ファイルを調べ聞き取りをしたが、該当文書は確認できなかった。ところが、この発言の直後、二〇一七年一月に天下り問題で辞任した前川喜平・前文科省事務次官が「文書は本物」と証言した記事を週刊誌が掲載したことから、問題は急展開を見せた。

前川氏は五月二五日に東京・霞が関の弁護士会館で記者会見を開いた。報道各社に会見が知らされたのは開催三〇分前だったが、一〇〇人以上の報道陣が詰めかけた。会見の冒頭、前川氏は「文科省の中で作成され、幹部の間で共有された文書で間違いない」と発言。文科省が該当する文書の存在を確認できなかったことに対し、「大変残念」と述べ、国会の証人喚問があれば、迷うことなく「参ります」と断言した。

「四条件」を満たしていない計画？

前川氏が指摘したのは、閣議決定された条件を満たさないまま獣医学部新設の方針が決まった点であった。条件とは、政府が二〇一五年六月、規制改革など経済活性化を進めるための「日本再興戦略２０１５」を閣議決定した際の条件で、国家戦略特区に獣医学部を新設する場合、

①提案主体による既存の獣医師養成でない構想が具体化
②生命科学など新分野で人材ニーズがある
③すでにある獣医学部では対応が困難な場合
④近年の獣医師の需要の動向も考慮しつつ全国的見地から本年度内に検討

――という内容。石破茂衆院議員が国家戦略特区担当相を務めた際に掲げた条件で、

「石破四条件」と称される。

前川氏は「既存の大学ではできないことなのか、などの検証がされておらず、四条件に合致する根拠が示されているとは思えない」と指摘した。獣医学部の新設を認める規制改革には獣医師の需要見通しなどが前提となるが、農林水産省や厚生労働省は明確な見通しを示してくれず、「特例を認めるべきだという結論が出てしまった。文科省として負いかねる責任を負わされた」と語った。

大学設置に権限を持つ文科省に対し、内閣府が首相肝いりの「国家戦略特区」という錦の御旗を振りかざして設置承諾を迫ったというのが加計学園問題の核心であろう。そこには当然ながら記録（文書）がついて回るはずである。ところが、問題発覚後の文科省による調査は担当課である専門教育課のフォルダーを調べるとともに、聞き取り中心で個人のパソコンまでは調べなかったため、一七日の新聞報道からわずか二日後に「文書の存在を確認できない」との調査結果発表となった。

同月二六日に開かれた衆院文部科学委員会で野党は調査が不十分だと批判。世論の批判も強く、日本経済新聞は六月一日の電子版で、加計学園問題をめぐる政府の説明に「納得できない」と答えた人が八一・四％にのぼったのに対し、「納得できる」は一八・六％にとどまったと報じた。さらに、六日には朝日新聞が文科省現役職員の「（文書は）共有されていた」とする証言を報道。こうした批判を受けて文科省は再調査を実施、同月一五日に調査の結果を発表した。

前回調査から一転し、存在認める

文科省は前回の発表から一転して文書の存在を認めた。前回調査では専門教育課の共有フォルダーのほか、国家戦略特区を担当する専門教育課の幹部ら七人に聞き取りをしただけだったが、再調査では前回対象とした共有フォルダーにとどまらず、国家戦略特区以外のフォルダー、専門教育課以外の部署の共有フォルダー、さらに個人フォルダー、メールボックスにも調査の範囲を拡大するとともに、聞き取りの対象を一九人多い計二六人に増やした。

この結果、「総理のご意向」「官邸の最高レベルが言っている」などの文言が入った文書が全部で一四確認できた。さらに、それらに関連する文書やメールなどが新たにみつかった。その中には、首相側近の萩生田《はぎうだ》光一官房副長官が内閣府に対し、国家戦略特区に獣医学部を新設する事業者選定の要件に関して、実質的に加計学園しか応募できなくなる要件に修正するよう（藤原豊内閣府審議官に）指示したとされるメールもあった。

しかし、文科省の再調査結果公表から一夜明けた一六日朝、内閣府は文科省の調査結果を否定した。国家戦略特区を担当する山本幸三地方創生相は「内閣府の職員が、事実関係を十分確認せずに連絡した」と発言。文科省の調査では「総理のご意向」などと発言したとされた藤原審議官は一六日の参院予算委員会で「(文科省に)お伝えした認識はない」と断言。しかし文科省とは異なり、それを記した文書やメールなどは残っていない。

一九日には、NHK「クローズアップ現代＋」が、「総理は『平成30年4月開学』とおしりを切っていた」などと首相の意向とされる文言を記した「10／21　萩生田副長官ご発言概要」という題名のついた文書の存在を報道。文科省が調査した結果、専門教育課の共有フォルダーからみつかった。同省の常盤豊高等教育局長が二〇一六年一〇月二一日、萩生田氏に獣医学部新設を説明、担当の専門教育課長補佐がその際のやりとりを局長から聞き取り、自分が把握している情報を書き加えて文書を作成した。その後、二つの部署にメールで送られたという。

しかし、萩生田氏は「加計学園に関連して、首相からいかなる指示も受けたことはない」とするコメントを発表し、「(文書が)意図的に外部に流されたことについて、非常に理解に苦しむ。強い憤りを感じている」とした。

松野文科相は二〇日午前、文書について「個人の備忘録として作成したもの」とする一方、「副長官の発言でない内容が含まれている」として萩生田氏に「大変迷惑をかけた」

と陳謝した。しかしそれでも足りなかったか、松野大臣は同日午後、二度目の会見を設定し、「正確性の面で著しく欠けていたメモが外部に流出した。副長官には大変迷惑をかけたと考えています」と、文科省の落ち度を強調した。

矛盾だらけ、文科省と内閣府の調査結果

文科省の調査結果と内閣府の言い分には大きな矛盾がある。それを正すため七月一〇日に国会の閉会中審査が行われ、前川喜平・前文部科学省事務次官が参考人として出席した。前川氏に働きかけたとして民進党、共産党など野党が招致を求めた和泉洋人首相補佐官、木曽功内閣官房参与（当時）の出席を与党は拒否、欧州訪問中の安倍首相も出席しなかった。しかし、二四日に行われた閉会中審査には前川氏、和泉氏のほか安倍首相、萩生田官房副長官、山本幸三地方創生相、松野博一文科相、内閣府の藤原豊・前審議官、加戸《かと》守行・前愛媛県知事、八田《はった》達夫・国家戦略特区ワーキンググループ座長、柳瀬唯夫・経済産業審議官らが出席した。

　しかし、開学時期などについて首相の指示があったか否かについて、萩生田氏、藤原氏、山本氏、松野氏らはいずれも「個別の指示は一切なかった」と回答。一方、前川前事務次官は「文科省は内閣府から様々な指示を受けていた。その結果がペーパーに残っている。

それは事実」と回答。さらに「総理の口からは言えないから私が言う」として、和泉補佐官から「指示をいただいた」とした。結局、両者の主張は並行線をたどったままであった。内閣府と文科省の間の食い違い。菅官房長官は「しっかりと調査した結果で、自然なんじゃないか。それぞれの役所の文化で違ってくるのではないか」と語った（東京新聞六月一七日付）。加計学園の戦略特区指定を巡る問題は、文化の違いで済むほどのものかどうかわからないが、複数の機関が協議する場合、見解の相違が生じるのはよくあることである。むしろ、立場が異なれば記録も異なって当然である。しかし、二〇一七年一二月に改正された公文書管理のガイドラインでは「正確性」を確保しなければいけなくなり、逆に政策決定の重要情報が記録に残らない可能性が出てきた。

「正確性」のパラドックス

新しいガイドラインでは、正確性を期すために原則として複数の職員による確認を経たうえで文書管理者の確認が必要であり、省庁間協議や民間との協議に関しては可能な限り相手方の確認が必要になった。相手方との違いがあったとしても、政策決定プロセスを検証するために必要な情報であるのに、これでは逆に記録に残らなくなるおそれがある。ただ、加計学園問題で言えば、内閣府に記録自体が残っていないため、比較衡量しようとしてもできないのが現実。実に嘆かわしい状況なのである。

さらに日本では、電子メールは原則行政文書であることは否定されていないが、共有フォルダー、もしくはプリントアウトして共有キャビネットで保存していないと、保存期間一年未満なので随時廃棄される。このため、恣意的に電子メールが扱われる余地が残されている。メールを「CC（カーボン・コピー）」で送るのは普通のことなので、組織共有の文書として扱うべきであるとNPOの情報公開クリアリングハウス・三木由希子理事長は指摘している。

加計学園問題が明らかにしたように、記録された情報が行政文書に該当するか否か、が大事であり、不都合な事実を公にしたくないと考えた場合、文書を「私的メモ」に位置づけようとする力学が働く。

それにしても不思議なのは、首相秘書官（柳瀬唯夫氏）に面会した愛媛県の自治体職員が、取り交わした名刺まで証拠として持ち出して「会った」と証言しているのに、当の本人は「会った記憶はない」と言い張ることである。愛媛県が作成した文書だけでは事足りず、県職員が官邸を訪問する予定を伝えるメールが内閣府から文科省職員に送られていた事実を積み上げてようやく、参考人招致に至った。結局、面会は認めたものの、普通ではあり得ない首相秘書官と事業者（加計学園）の面会がなぜ、三回も行われたのかを巡る証言は得られなかった。

国会で参考人として答弁した柳瀬氏は、加計学園関係者とは面会したものの、愛媛県、今治市の職員が同席していたかどうかはわからないとした。愛媛県は、加計学園の加計孝太郎理事長が二〇一五年二月に安倍首相と面会したという報告を学園側から受け、文書に記録しており、この文書を含む関連文書計二七枚を二〇一八年五月二一日に参院予算委員会に提出した。しかし、衆参両院の予算委員会で首相は改めて面談を否定、愛媛県が提出した文書との矛盾はその後も解消されていない。

3　陸上自衛隊PKO部隊日報問題

「誤った判断が繰り返された」

改めて、公文書にかかわる最近の問題を振り返ってみると、二〇一六年九月、南スーダンに派遣された自衛隊PKO部隊の日報に対する情報公開請求が不開示となった件に端を発する。請求者はジャーナリスト布施祐仁《ふせゆうじん》氏で、「同年七月に起きたジュバでの大規模戦闘の際の自衛隊の状況を知りたい」という趣旨の情報公開請求であった。

防衛省は陸上自衛隊中央即応集団（CRF）で文書を探したが見つからなかったため「廃棄した」と判断し、一二月に「不開示」決定した。その後、稲田朋美前防衛相の指示によって再調査が行われ、統合幕僚監部に「廃棄した」はずの電子データが保存されていたことが判明、一七年二月に公表となった。

その後に開かれた幹部会議では、陸上自衛隊内の複数の部署、複数の隊員がデータを保管していたことが報告された。朝日新聞によれば、この会議には稲田氏も出席、「『陸自が組織として保管している公文書ではない』との認識を共有。これに基づいて、陸自に保管されていた事実を公表しないことが最終的に決まった」(一七年七月二一日付)という。

一方、その前後には陸自の幹部が複数の部署に残っていた日報データについて「適切に管理を」と指示。このため保管されていたデータが一斉に消去されたという。

これらの経緯を毎日新聞が詳しく報じている。情報公開請求を受けて陸上自衛隊職員は日報を含む文書を見つけた。しかし堀切光彦副司令官(当時)は「日報は行政文書の体をなしていない」として、個人文書だから開示対象から外すように指導。職員はそれに従ったという(毎日新聞八月三日付)。その後の請求に対しても「文書不存在」を理由に不開示決定を続けた。「対象の公文書が存在するのに、幹部は公文書ではないと主張、職員はそれに異を唱えずに誤った判断が繰り返された」とする。

防衛省幹部は、「陸自が日報を『廃棄した』として不開示決定をしているうえ、統幕内で見つかった電子データとして日報を公表していた。削除は、一連の対応との整合性を図るためだった」(朝日新聞七月二一日)と説明している。防衛省の特別防衛監察では異例にも稲田前防衛相に対する聞き取りを行ったが、結局、稲田氏は責任を取って辞任し、後任の小野寺五典《いつのり》防衛相が特別防衛監察の結果を公表した。特別監察では情報公開法違反は認定したものの、公文書管理法に違反するか否かについては判断を保留した。

「行政文書」と私的なメモ

八月一〇日には国会の閉会中審査も行われたが、安倍首相や稲田氏は出席せず、真相が解明されたとは言えない状態が続いた。

南スーダン派遣PKO部隊の日報はその内容からみて、公文書であることは確実である。しかし毎日新聞によると、「業務で作成した日報を不開示にした防衛省・陸自幹部は、公文書をわざと公文書扱いしていなかったことになる。（中略）一方で、陸自内部では日報を公文書として扱うという矛盾した対応が見られた。監察結果によると、陸自は昨年八月三日、それまで扱いが統一されていなかった日報について『注意』『用済み後破棄』と表示した」（毎日新聞二〇一七年八月三日付）。

要するに、防衛省は日報が公文書であるか否かについて場面、場面で使い分けをしていたことになる。その後に発覚した森友学園疑惑、加計学園疑惑における行政機関の対応ぶりについても自衛隊日報問題と共通する問題がある。公文書の範囲をできる限り狭め、情報公開や公文書管理の枠外に置こうとする態度である。ここで一つ注意しておかなければいけないことがある。

一般の感覚では、公的な文書すなわち「公文書」と考えがちだが、公文書管理法の規定によると「公文書等」には「行政文書」「法人文書」「特定歴史公文書等」の三つがあり、それぞれ明確に区別されている。「行政文書」の定義は一九九九年に制定された情報公開法を基にしている。「行政機関の職員が職務上作成し、又は取得」した文書であり、「組織的に用い」、「当該行政機関が保有している」文書だけが「行政文書」となる。これらの要件を満たしていない文書は「行政文書」ではなく、対象外となる。私的なメモと位置づけられ、その途端、情報公開法や公文書管理法の対象ではなくなるというのが防衛省や財務省などの解釈であったと推測できる。

森友学園・加計学園問題、いわゆる「モリ・カケ問題」では作成・保存されるべき文書がなかったり、一年未満の保存文書として廃棄されていたりしたことが明らかになった。特に、加計学園問題では、文科省との間で行われた協議に関する文書が作られていなかったことが問題となった。

特別防衛監察の概要

自衛隊南スーダン派遣ＰＫＯ部隊日報に関する「特別防衛監察」の結果がまとまったのは七月二七日であった。防衛監察本部が調査を開始したのは三月一七日。調査の手がかりとしたのは、

（1）本件日報の管理状況等に係る関係書類等の取得・分析
（2）アンケート調査（二回実施・計二〇四八人＝延べ三五二四人）
（3）現場等確認（各機関執務室の保有・管理状況、情報公開に関する書類等の確認）
（4）面談（事務次官、統幕長、陸幕長、CRF司令官以下計一〇六人）

であった。報告書の第五章では「本件日報の取扱いに係る一連の経緯等」として日報の作成・配布から二〇一七年（平成二九年）二月までの経緯を記している。

（1）「本件日報の作成・配布」（平成二八年七月）
（2）「本件日報に関連する開示請求への対応」（平成二八年七月～九月）
（3）「本件日報の開示請求から不開示決定までの対応」（平成二八年一〇月～一二月）
（4）「不開示決定以降の本件日報の取扱いに係る対応」（平成二八年一二月～平成二九年二月）

監察の対象は平成二八年一〇月三日付の情報開示請求（請求者は布施祐仁氏）。布施氏が七月一九日付で行った情報開示請求への対応が不適切であったため、一〇月に改めて請求した。しかし、七月時点での不適切な対応が一〇月の請求にも繰り返され、問題を広げたとの判断から七月に遡って調査した。対象機関は事務次官、内部部局、統合幕僚監部、陸上幕僚監部、ＣＲＦ（中央即応集団）司令部。大臣にも聴取した。

開示請求の内容

布施氏が開示請求したのは「七月六日〜一五日（日本時間）の期間に中央即応集団司令部と南スーダン派遣施設隊との間でやりとりした文書すべて（電子情報含む）」。布施氏が情報公開請求した理由は、二〇一五年（平成二七年）九月の安保法成立で駆け付け警護が陸上自衛隊の新たな任務になっており、最初に任務にあたるのは南スーダン派遣部隊であろうと想定したからだ。

開示された資料の中に「戦陣要報」があった。戦陣要報とは、現地で発生した様々な事案と、そこからくみ取るべき教訓をまとめた資料であり、その過程で、派遣隊員を教育する「国際活動教育隊」が使っているテキストに、隊員たちの訓練内容を検討するうえで派遣部隊が作成する「日報」があることを知った。

そこで派遣部隊がＣＲＦ司令部に送った「日報」にかかわる文書の開示を請求した。これに対する防衛省の対応は、内局情報公開・個人情報保護室は陸幕、統幕、防衛政策局関係職員に開示請求書を送付。七月二〇日以降、陸上自衛隊中央即応集団（CRF）司令部で文書を探し、存在を確認した。しかしCRF副司令官は日報が公開の対象から「外れることが望ましい」との意図をもって「日報は行政文書の体を成していない」と指摘、日報以外の文書で対応できないか、陸幕に確認するよう指導した（八月一日頃）。

CRF司令部関係職員は「日報は個人資料」と陸幕関係職員に説明、該当文書に含めない旨を確認、了承を得て日報を除く該当文書を送信した（八月三日）。陸幕関係職員は内局情報公開・個人情報保護室に該当文書を提出（八月五日）。陸上幕僚長から防衛大臣に、日報を除く複数の該当文書について部分開示する意見を上申（九月一三日）。防衛省として日報を除いた複数の該当文書の部分開示を九月一六日に決定した。

布施氏は開示されたのが日報以外の文書であったため、九月三〇日に改めて日報の開示請求をした。防衛省情報公開・個人情報保護室は一〇月三日付で受け付け、一〇月六日に陸幕関係職員がCRF司令部職員に開示請求書を送付した。CRF職員は日報が存在しているにもかかわらず、七月一九日の開示請求と同様の対応とすることについて陸幕関係職員に確認し、了承を得た。陸幕職員は内局情報公開・個人情報保護室に対し、日報は用済み後廃棄の取扱いで、すでに破棄されており、不存在とする探索結果を提案（一〇月一四日）。

陸幕長は防衛大臣に「文書不存在」につき「不開示」とする意見を上申（一一月二日）。内局情報公開・個人情報保護室は統幕関係職員に対し、「不存在」につき「不開示」とする案を意見照会（一一月二八日）したが、「意見がない」という回答（二九日）であったため、防衛省として「不開示」を一二月二日に決定した。一〇日後の一二月一二日になって自民党行政改革推進本部が不開示決定に係る事実確認をしたいとして資料請求があり、翌一三日に「不開示決定」について取り消しを求める審査請求がなされた。

そのころ、陸幕運用情報部長は陸幕職員に対し、指揮システム掲示板の日報の現状を確認し、「用済み後破棄」となっている日報が「存在」との報告を受ける。このため、掲示板の適切管理を指導した。その結果、CRF職員が第一〇次隊までの日報を破棄した。陸幕総括官は大臣に対し不開示決定を報告した際、再探索を指示されたが、総括官は陸幕等に対して再探索の指示をすることはなかった（一二月一六日）。

陸幕運用情報部長・監理部長が陸幕長に「行政文書としては存在していないが、個人資料としてのデータを発見したとのスタンス」「行政文書として取扱い、請求に対応すべきであった」等が記載された資料をもって二〇一七年（平成二九年）一月一七日に報告した。陸幕運用情報部長はCRF司令部幕僚長に対して「適切な文書管理」について依頼、CR

F司令部において保有していた複数の本件日報が廃棄された（二月八日頃）という経緯である。

監察結果

監察結果は、七月一九日付の開示請求において不適切な対応（日報の除外）があったとした。行政文書の開示義務違反につながる。職務遂行の義務違反に該当し不適切であり、日報の存在を認識できる状況であったのに、「除外」の意見上申を安易に了承した。

続いてあった一〇月三日付の開示請求に対しても、同様の不適切な対応であったとした。日報の管理についても不適切であり、二〇一六年（平成二八年）一二月にCRF司令部が第一〇次隊までの日報を廃棄し、さらに一七年（平成二九年）二月に「文書不存在」につき「不開示」決定とした対応に実態を合わせるようCRF司令部職員に廃棄を依頼したことを指摘。日報の存在を防衛大臣に報告するのが遅れ、外部に対する説明を含めて対応が不適切であったとした。

外部に対する説明スタンス、すなわち「不存在」であるから「不開示」という決定を変更する機会があったにもかかわらず、陸自において本件日報は「適切に取り扱われている」というスタンスを変えなかった点にも問題があったとした。

陸自に存在する日報をCRF司令部の幹部の指示により意図的に該当文書から除いているにもかかわらず、開示請求に対し行政文書が「不存在」であるから「不開示」と説明した点。実際は「不開示」決定の判断以降に掲示板から本件日報を廃棄したにもかかわらず、開示請求以前に「適切に廃棄されている」と説明したことなどがある。今後の改善策として、

1　適正な情報公開業務の実施
（1）関係職員の意識向上を図るための教育等の徹底
（2）行政文書の不存在の際の入念な確認の徹底
（3）情報公開業務に対するチェック機能の強化

2　適正な文書管理等の実施
（1）文書管理情報等の適切な表示等
（2）複数部署において管理されている行政文書の管理要領の見直し

3　日報の保存期間等のあり方の検討及び措置

を挙げた。

「不存在」と強弁

しかし、特別防衛監察は、幹部職員の恣意的判断で日報が「行政文書」から除外されたことなどについて調査・追及が十分に行われたとは言えない。「不適切」の表現が多用されているが、実際は情報公開法「違反」ではないか。監察結果だけではわからない点もまだ多い。さらに公文書管理法に関しては、違反かどうか判断していない。また「不開示」を是としているように見受けられる。

改善策1の（3）で「定期防衛監察を活用し、特に開示請求において不存在としている場合の手続きの適正性を確認することなどにより、チェック機能の強化に努めるものとする」の文言があるが、「不存在手続きの適正性を確認し」という表現は、情報開示に真摯に応えようとする意思を反映した表現とは思えない。改善策2の「適正な文書管理等の実施」においても、「日報が『注意文書』として取り扱われていることについて、『注意』の標記が表示されず、また、業務に関係のない多数の職員が閲覧及び取得できる状況であったことから、取扱区分を表示するとともに、配布に当たっては配布先を必要最小限にとどめるよう措置する必要がある」との文章がある。

情報の保全を優先するあまり、本来、防衛省内で共有するべき情報が限られた職員以外閲覧できなくなるとすれば、本末転倒ではないか。日報は行動を跡付けて研究する資料として重要であり、それゆえに多くの部署、隊員がダウンロードして保有していた。まさしく組織として共用するに値する情報であり、日報が行政文書以外のなにものでもないことを物語っている。にもかかわらず、「不開示」としたいがために「不存在」と強弁し、指揮システム掲示板にアップロードされた日報を「個人データ」と言い繕う姿勢は、情報公開法、公文書管理法の趣旨を理解していないと考えざるを得ない。なぜなら、後に開示された日報が部分開示であることが象徴するように、国家の安全が害されるおそれがあると閣僚が認める「相当の理由」があれば、非公開にできる。すべての情報を開示しなければならないと考えるのはまさしく「誤解」以外のなにものでもない。

文民統制は守られているか

ところが、そんな苦言を記したところで、驚愕の事実が二〇一八年四月に明らかになった。一七年三月の特別防衛監察が行われているさなかに、「存在しない」とされていたイラク派遣部隊の日報が陸上自衛隊研究本部（現・教育訓練研究本部）教訓課でみつかっていたのである。しかし、その事実は防衛大臣はじめ防衛省幹部には伝えられず、一年も隠蔽されたままであった。「特別防衛監察」とはいったい、何であったのか。「虚偽」「忖度」などといった言葉では片づけられない、より深刻な問題を提起した。奥深いところで、得体の知れない「何か」が動き出しているのではないか。憲法がその第六六条で規定している文民統制（シビリアンコントロール）は守られているのか。この国の「未来」は本当に危ういかもしれない。そう感じたのは私だけではなかったであろう。

小野寺五典防衛相は四月六日夕、防衛省一一階の大臣室に事務次官、制服組を束ねる四幕僚長ら幹部二〇人を緊急に集め、「防衛省・自衛隊の危機的状況」を強く訴えた。その直前には約一〇〇〇人の幹部職員を講堂に集めて異例の訓示を行い、約二五万人の自衛隊員に向けて「文書が適切に管理されているか、もう一度確認していただきたい」と訴えた。音声は防衛省内に流れ、全国の各部隊でも中継された（朝日新聞四月七日付）。

イラク派遣日報は、稲田氏が防衛相であった一七年二月二〇日、民進党（当時、現・国民民主党）の後藤祐一衆院議員が衆院予算委員会で質問、稲田元防衛相は「見つけることはできませんでした」と答えている。稲田元防衛相は二日後の二二日、省内に探索を指示したが、約一ヵ月後にみつかったにもかかわらず、大臣には報告されず、後任の小野寺防衛相が存在を把握したのは一年以上も過ぎてからであった。その間に、航空自衛隊にも日報が存在している事実が一八年四月に判明した。

イラク派遣部隊の日報は二〇〇四年から〇六年までの間の計一万四〇〇〇ページにものぼる。「陸自宿営地に迫撃砲」「陸自宿営地にロケット弾」といった内容が記され、〇四年一〇月三一日の日報では「陸自宿営地にロケット弾、跳ね返ってコンテナを貫通」などの記述もみえる。しかし、開示された日報は全体の四五%に過ぎず、「陸自宿営地にロケット弾が着弾し、食堂施設や隊員が寝ているコンテナをかすめた事件が発生したはずの〇四年一〇月二二日の日報は、不存在を理由に開示されなかった」と、日本が自衛隊のイラク派遣を決めた当時、防衛省担当の記者であった朝日新聞の佐藤武嗣編集委員は記した。

しかもイラク派遣では、イラク戦争開戦の大義となった大量破壊兵器は結局存在しなかった。英国は開戦に踏み切った判断の誤りを調査・検証し、一五万ページに及ぶ報告書を数年がかりでまとめ上げたが、日本が行った検証は、わずかA4判数ページのレポートというお粗末さである。

イラク派遣部隊日報に関していえば、二月二二日の稲田元防衛相による探索指示は口頭で行われ、統幕総括官が担当者を通じて同日中に統幕、陸幕、空幕の担当部局の担当者にメールで送った。防衛省が明らかにしたメールは「探索いただき（日報が）無いことを確認いただいた組織・部署名をご教示いただけますでしょうか」となっていて、再探索の指示が曖昧だった可能性はある。

しかし、二〇〇五年一二月四日、サマワ近郊で自衛隊車列が群衆に取り囲まれ、銃を撃つかどうかの判断を迫られた事態が生じた日の日報には「陸自車両が群衆と遭遇。車両に被害あり」と書かれ、そのうえで「別途報告のとおり」として別の報告書の存在を示唆する記述がある。防衛省幹部は日報ではないので、開示対象ではないとして、別の報告書を開示の対象にしない考えを朝日新聞に語っている。

とどのつまり、特別防衛監察にしても、存在が明らかになったイラク派遣部隊日報にしても自衛隊が直接向かい合った現実の「一部」を切り取った文書に過ぎない。派遣された隊員が、命を賭して活動した記録を文書として後世に残すことの意味を私たち国民は改めて考える必要がある。戦闘状態に陥った場合などすべてを現時点で開示するのは難しいと思うが、貴重な文書が杜撰《ずさん》な管理によってきちんと残されていない現実を隊員たちはどう考えるであろうか。東大講師で国際政治が専門の三浦瑠麗《るり》氏は「自衛隊内部では、幹部が現場の意見を抑圧しているかどうかが問題。抑圧しているなら、実力組織として危機的だ。日本の多くの組織に通じるが、最もよくないのは初期の過ちを早期に修正できないことだ」（「日本経済新聞」二〇一八年四月一七日付）と指摘している。

捻じ曲がる情報の取扱い

自衛隊、防衛省に限らず、政府全体の情報の取扱いに対する姿勢自体が捻じ曲がっているると思わざるを得ない。現場よりむしろ、指導する立場の問題である。行政情報は「国民共有の知的資源」であるという意識が政府中枢にはほとんどないか、希薄だからなのだろう。もっと言えば、行政情報は「おれたちのもの」という意識がいまだに抜けないからなのではなかろうか。

日本は人口減少、高齢化で世界の最先端を行く国である。将来を見据えたとき、政府と国民の関係も変えていかなくてはならない。いささか使い古された言葉かもしれないが、「協働」なくしては成り立たない。そのために最も大事なのは、情報を共有することではないだろうか。

第Ⅱ部　公文書管理をめぐって

1　行政文書ガイドライン改正

「保存期間一年未満文書」の扱いは

森友・加計学園問題、自衛隊南スーダン派遣ＰＫＯ部隊日報問題など杜撰な公文書管理が批判されたことに対応し、政府は行政文書取扱いの運用指針となるガイドラインを二〇一七年（平成二九年）一二月に改正した。原案は一七年一一月八日開催の公文書管理委員会（委員長・宇賀克也東京大学大学院教授）で示された。政府は「公文書管理法施行（二〇一一年四月）以来最大の改正」としているが、今回の改正によって意思決定過程の検証に必要な文書の破棄を防ぐ仕組みが本当に整うかどうかは微妙である。

ポイントの一つは、保存期間一年未満の文書の扱いである。従来のガイドラインも、歴史公文書等に該当する行政文書は一年以上の保存期間を定めると規定していた。しかし該当しないものについてのルールは特になかった。換言すれば、「一年未満文書」は事実上公文書管理の「枠外」にあった。公文書は保存期間を一年、五年、一〇年、三〇年の間で設定、行政文書ファイル管理簿に記載して管理し、保存期間が満了した時点で廃棄か移管、延長となる。

廃棄する場合、内閣総理大臣（実際に業務を行うのは内閣府公文書管理課）の同意が必要である。しかし、行政機関自らが保存期間を判断するため、たとえ重要な文書であっても恣意的に一年未満の保存期間を設定すれば、チェックされないままに廃棄することも可能だった。国有地の売却をめぐって疑惑が取りざたされた森友学園問題では、財務省が土地売買に関する契約の成立後に交渉経緯を記録した文書を廃棄したため証拠が失われ、真相究明が進んでいない。

新ガイドラインでは歴史公文書等に該当しないものであったとしても、原則として一年以上の保存期間を設定。その一方で、一年未満に設定することができるものを「別途、正本・原本が管理されている行政文書の写し」「定型的・日常的な業務連絡、日程表等」「意思決定の途中段階で作成したもので、当該意思決定に与える影響が極めて小さく、長期間の保存を要しないと判断される文書」など具体的な七つの類型を示し、それに合致する文書に限定することにした。

さらに、保存期間一年未満の行政文書を廃棄する場合、どのような業務に関係するものを廃棄したかを記録し、保存期間の終了後速やかに一括して公表するとしている。

もう一つの大きなポイントは、作成段階で盛り込んだ新たな規定である。前述したが、省庁内部の打ち合わせや他省庁・民間などとの折衝を含め、政策立案や事業の実施に影響を及ぼす打ち合わせについて記録を文書化するとした。ただ、文書作成にあたっては正確性を確保するため、内容について複数の職員による確認を経たうえで文書管理責任者が確認することとし、部局長等の上位の職員から指示があった場合は、その指示を行った職員の確認も経るとしている。

他省庁や民間など外部との打ち合わせ等の記録については、文書を作成する行政機関の出席者の確認を経るとともに、可能な限り打ち合わせの相手方の発言部分についても確認を経ることとした。記録として確定しがたいときは「相手方未確認」などと付記したうえで記録に残すよう求めるとしている。

また、電子文書についてもより細かく規定した。意思決定過程や事業の実績を「合理的な跡付けや検証に必要となる行政文書に該当する」電子メールは原則として作成者または第一取得者が共有フォルダーに保存する一方、個人的な執務の参考資料は個人の管理を徹底するとした。

このほか、文書管理者をサポートする文書管理担当者の指名、わかりにくかった表現の手直し、文書管理者が異動する場合の引き継ぎ手続きの手法など公文書管理にあたる現場の不安を多少なりとも解消する様々な手立てを設けるとともに、eラーニングの活用などによる研修拡充にも心配りをしている。また保存期間の公表を義務付けるなど国民の知る権利に対する配慮もなされている。

役人にとって都合の悪い文書とは何か

しかしながら一方で、先行きに対する懸念を禁じ得ない。保存期間設定では、一年未満としても差し支えない文書を七類型で示したが、七類型とは別に「通常は一年未満の保存期間を設定する類型の行政文書であっても、重要又は異例な事項に関する情報を含む場合など、合理的な跡付けや検証に必要となる行政文書については、一年以上の保存期間を設定するものとする」という項目がある。

「移管、廃棄又は保存期間の延長」に関する規定によれば、廃棄する一年未満文書を記録し、どのような業務に関連する文書であったかを公表する時期は「一年度内において複数回に分けて定める」という。少なくとも半年に一回以上の頻度で廃棄が行われるということになるのではないか。だとすれば、仮に「重要又は異例な事項」が生じたとしても、判明した時点ですでに文書は廃棄済みだったということになる可能性がある。

また、正確を期すために他省庁や民間と行った打ち合わせで、相手方発言の確認を得るのは真の意味で適切な手法と言えるだろうか。他省庁はともかく、意見が食い違っていたとしても民間が「お上に盾突く」ようなことを言うのは勇気が要る。また立場が違えば、文書の表現が異なるのは当然である。文書表現の違いがむしろ重要なときもある。

と、子細にみれば粗《あら》はいろいろ見えてきそうだが、「行政文書の管理に関するガイドライン」をいくら改正してみても限界があるのかもしれない。日本新聞協会発行の『新聞研究』二〇一七年九月号掲載のリポート「公文書隠しは報道機関への挑戦」（毎日新聞東京本社・大場弘行記者）によれば、「都合の悪い文書とは何か。元官僚らは、政治家の利害が絡んだり、政権に影響を与えたりするような、いわゆる『マル政』案件の記録だと口をそろえる」との一文がある。森友・加計学園問題で明らかになったように、官僚だけでなく政治家も「射程」に入れなければ、真の公文書管理など遂行し得ないのである。

それにしても、今回のガイドライン改正で最も不思議だったのは九月二〇日開催の第五七回公文書管理委員会で突如、紹介された「行政文書の管理の在り方等に関する検討チーム」という存在である。委員会で配布した資料によると、「行政文書の管理をめぐる報道や国会における議論等を通じ、各行政機関における行政文書の管理の在り方について、様々な指摘がなされているところ。このため、内閣官房に『行政文書の管理の在り方等に関する検討チーム』を設置し、より一層適正な行政文書の管理を進めていくための方策に

保存期間を一年未満とすることができる文書の類型

ガイドライン「第４整理」の「３保存期間」の「(６)」
① 別途、正本・原本が管理されている行政文書の写し
② 定型的・日常的な業務連絡、日程表等
③ 出版物や公表物を編集した文書
④ ○○省の所掌事務に関する事実関係の問合せへの応答
⑤ 明白な誤り等の客観的な正確性の観点から利用に適さなくなった文書
⑥ 意思決定の途中段階で作成したもので、当該意思決定に与える影響が極めて小さく長期間の保存を要しないと判断される文書
⑦ 保存期間表において、保存期間を一年未満と設定することが適当なものとして、業務単位で具体的に定められた文書

参考：「第４整理」の「３保存期間」の「(７)」として
「保存期間の設定においては、通常は一年未満の保存期間を設定する類型の行政文書であっても、重要又は異例な事項に関する情報を含む場合など、合理的な跡付けや検証に必要となる行政文書については、一年以上の保存期間を設定するものとする」

ついて検討し、現在及び将来の国民への説明責任を全うする観点から（中略）文書管理体制の充実等について、各行政機関が採るべき方策を取りまとめた」という。

各行政機関に対する調査なども行い、適正な管理の勧告を会議一日前の九月一九日付で行っている。第五八回公文書管理委員会で示したガイドライン改正案のなかで、行政文書の「作成」「保存」「点検・監査及び管理状況の報告等」に関する項目はこのチームが検討、「整理」の一部もチームの検討に基づいている。公文書管理委員会の役割とはいったい何であったのか。

二〇一七年一一月九日付毎日新聞朝刊はガイドライン改正を「クローズアップ」というワイド記事で取り上げた。その記事の最後はこんな文で結ばれている。

「内閣官房の古谷一之官房副長官補をトップにしたチームが文書作成のルールを定め、九月に内閣府が各省庁に通知。その内容をガイドライン改正案にも書き込んだ。公文書管理委員会では、改正案の議論を昨年から重ねてきたが、内閣官房のルール作りは別に進められた。複数の委員は『通知の直前まで存在を知らなかった』と語り、蚊帳の外に置かれたことに不信感をにじませた」。

2　公文書管理法制定の経緯

「中国、韓国に後れ取る日本」

公文書管理法が成立したのは二〇〇九年六月。第一次安倍政権下の〇七年に杜撰な公文書管理の実態が明らかになったことが契機である。〇七年二月、誰のものかわからない年金記録が約五〇〇〇万件もあることが判明、それに続いてC型肝炎患者リスト放置問題、自衛艦の航海日誌廃棄問題などが相次ぎ発覚し、公文書管理法制定の機運が一気に高まった。

その始まりは〇三年四月、福田康夫官房長官（当時）の肝いりでできた「歴史資料として重要な公文書等の適切な保存・利用等のための研究会」（座長・高山正也慶応義塾大学教授＝当時）での議論に遡る。しかし、それにも前段があった。〇二年一二月、東京・目白の学習院大学で開かれた国際シンポジウム「記録を守り記憶を伝える――21世紀アジアのアーカイブズとアーキビスト」の様子を報じた日本経済新聞の小さな記事である。最終ページの文化面に掲載された記事には、「中国、韓国に後《おく》れ取る日本」という見出しがついていた。それが刺激したのであろう、記事を読んだ福田長官が、早急な対策の必要を感じて研究会の発足を指示したという。

福田氏には原体験があった。今から四〇年以上前のことである。政治家になるまで一七年にわたって石油会社に勤務した福田氏は、父親赳夫氏の後援者が終戦直後の前橋周辺の写真を探しているのを聞き、米国出張の折に国立公文書館（NARA）を訪れたことがある。後援者は学校経営者で、学園の記念誌制作のために写真を探していた。市役所や図書館に問い合わせても、そんな写真はないという。あまり期待もせずに訪れたNARAだったが、それほど待たされるわけでもなく、十数枚の写真が出てきた。コピーもできるという。そのとき、福田氏はアメリカという国の力をまざまざと思い知ったという。

時と人を得て成立した公文書管理法

研究会はしかし、その年一一月でいったん解散となり翌月、「公文書等の適切な管理、保存及び利用に関する懇談会」と名称を変えて再スタートすることになる。座長も尾崎護・財団法人矢崎科学技術振興記念財団理事長（当時、元大蔵次官）に交代、メンバーに新しく行政法が専門の宇賀克也東大教授が加わった。研究会の出した結論が公文書館法など現行法の運用強化で対応できるとの判断にとどまり、新法の制定を考えていた福田氏の意を十分に汲《く》まなかったためとされる。懇談会は半年間に及ぶ議論の末、適切な公文書管理には「中間書庫」が必要であり、将来を見据えて電子化への対応が不可欠との結論をまとめてその役割を終えた。

このときすでに、福田氏は年金未納の責任をとるかたちで官房長官を辞任していた。が、公文書問題に限っては以前と同様に活動を続けていた。自民党、公明党の国会議員に呼びかけて公文書館推進議員懇談会を結成したのである。旗揚げは二〇〇五年三月三〇日。両党の国会議員約二〇人が名を連ねた。

議員懇談会は国立公文書館見学などのほかは特に目立った活動を展開したわけではなかったが、福田氏が図らずも第九一代の内閣総理大臣に就くと、にわかに活動を活発化した。四項目の「緊急提言」をまとめ、福田総理に提出したのである。就任約二ヵ月後の一一月一三日であった。もっとも内実は、福田氏が急がせたのだが……。

内情はともかく、緊急提言をいま改めて読み直してみると、かなり思い切った主張であったことがわかる。「文書管理法（仮称）」の制定や内閣に「公文書整備対策室」を置くなどの方策は当然として、「国立公文書館が国の機関における文書管理に関与できる仕組みの構築」「国内外に存在する、わが国の歴史にかかわる貴重な文書・資料の保存状況の把握や所在情報の集積などの役割を国立公文書館に求める」といったことにも言及している。公文書館が収集する資料も公文書にとどまらず、「民間資料館、個人の収集家などの保有状況を的確に把握させることが望ましい」とまで言っているのである。

公文書館推進議員懇談会はその後もさほど目立った行動はしていない。が、後に公文書管理法が国会で審議され成立する際、見えざるパワーとして重要な役回りを演じている。それにも増して、大きな役割を果たしたのは上川陽子衆院議員（現法務相）であろう。上川氏は二〇〇九年夏の総選挙では落選の憂き目にあったものの、二〇一二年一二月の総選挙で復活すると、その後は、手堅さが評価されて第二次、第三次安倍内閣で法務相を務める。閣僚としての初仕事が少子化相・公文書管理担当相であったが、公文書管理法の制定に関してまさに獅子奮迅の働きぶりを示した。

すべて物事は時、人を得て初めて成就する。あるアーキビストの言によると、「私の目の黒いうちに成立することはないだろうと思っていた」公文書管理法が、大方の予想を覆して成立に至ったのは、上川氏の奮闘努力によるところが大きかった。

強い信念で臨んだ公文書管理担当相

上川氏は二〇一〇年四月、学習院大学で行われた日本アーカイブズ学会総会で講演し、その時の様子を披瀝した。二〇〇八年二月二九日、福田首相（当時）から初の公文書管理担当相として辞令を交付されたとき、「強い信念で臨もうと決意したことを今でもはっきり覚えている」。そして「スタッフ全員のこころに火をつけ、取り組む必要がある」と思った。「まさに一年半に及ぶ、燃えるような時間の始まり」だったと振り返った。

とはいえ、上川氏は公文書館推進議員懇談会に名を連ねていた野田聖子、後に東京都知事になった小池百合子といった人たちに比べて知名度は高くない。それゆえであろう、「象徴天皇制の研究から公文書管理問題に深入りしてしまった」ことを自認する歴史研究者の瀬畑源《せばたはじめ》氏（長野県立短大准教授）は新聞記事を基にブログにこんなことを書いた。「上川氏のリーダーシップには非常に不安を覚える。不安を裏切る活躍をしてくれることを『祈願』したい」。しかし上川氏はその言葉通り見事に、「不安」を大きく裏切る活躍をした。

福田首相からは、短期で結果を出すように指示されていたという。そこで上川氏は三つのことを考えた。第一に、すべての文書の廃棄を凍結。続いて徹底的な現場視察。そして事例収集だった。時あたかも年度末の三月で、廃棄凍結を打ち出すには絶好のタイミングとなった。事例収集では、文書管理が他省庁に比較して適正に行われていた文部科学省をことさらに取り上げた。官庁特有の横並び意識を刺激するためである。が、公文書管理の基本法を制定することが最大のミッションであることは衆目の一致するところでもあった。

四月に入って間もなく、四日から二五日までのわずか三週間で一九に及ぶ府省庁すべてを視察した。「一日三カ所という日もあった」という。これで官僚たちも、上川氏が「本気」であることがわかったらしい。応対する職員も上位の役職者に代わった。三月一二日に第一回が開かれ、以後、月に二回のペースで開かれた「公文書の管理等に関する有識者会議」（尾崎護座長）にも欠かさず顔を出した。その後民主党に政権が代わり、公文書管理問題を担当した行政刷新相の蓮舫氏が公文書管理委員会にほとんど顔を見せなかったのとは対照的であった。

キーワードは「時を貫く」

有識者会議がその年七月にまとめた中間報告では、タイトルに自らの強い思いを込めた。通常、大臣がこうした報告書のタイトルにまで「介入」することはまずない。しかし、上川氏は「どうしても入れてほしい」と強く要求したという。それだけ思いが強かったのだろう。そして加えられたのが「時を貫く」の文言だった。「時を貫く記録としての公文書の在り方――今、国家事業として取り組む」が報告書のタイトルである。こだわったのは、「内閣改造で公文書管理担当相をはずれることが予想されたため」である。

担当相はその後、中山恭子参院議員、続いて小渕優子衆院議員と代わった。そして二〇〇九年三月三日、公文書管理法案は閣議決定を経て国会に提出された。しかし、遅々として審議入りは進まなかった。政局をめぐって与野党間の駆け引きが活発化していたからである。二〇〇八年九月、電撃的に首相を辞任していた福田氏だったが、法案の審議入りを促すべく公文書問題に熱意をもって取り組んできた民主党の逢坂《おおさか》誠二議員に接触を図った。首相まで経験した代議士が、当時はまだ一年生議員だった逢坂氏に接触を図るというのも異例のことだったに違いない。公文書管理法を何としても成立させたいとの思いがいかに強かったかがわかる。

福田氏の意を受けて上川氏は動いた。四月二〇日には第一の関門である民主党との実務者協議が開かれ、二七日には民主党から修正案が出された。それをさらに与党内で揉んでボールを投げ返す、という具合に法案は与野党間を何度も往復した。主要な修正は二つであった。一つは情報公開法との関係、もう一つは文書作成の徹底である。

第一条は当初、「国民主権の理念にのっとり、公文書等の管理に関する基本的事項を定めること等により、行政文書等の適正な管理、歴史公文書等の適切な保存及び利用等を図り……」となっていた。修正された結果、「国及び独立行政法人等の諸活動や歴史的事実の記録である公文書等が、健全な民主主義の根幹を支える国民共有の知的資源として、主権者である国民が主体的に利用し得るものであることにかんがみ……」となった。

また文書作成を定めた第四条は当初、「行政機関の職員は（略）政令で定めるところにより、文書を作成しなければならない」と、実にあっさりしたものだった。それが「行政機関の職員は、第一条の目的の達成に資するため、当該行政機関における経緯も含めた意思決定に至る過程並びに当該行政機関の事務及び事業の実績を合理的に跡付け、又は検証することができるよう、（略）次に掲げる事項その他の事項について、文書を作成しなければならない」と改まった。

さらに、何について文書を作成しなければならないかを明示した。たとえば「一」には「法令の制定又は改廃及びその経緯」が記してある。「三」は「複数の行政機関による申合せ又は他の行政機関若しくは地方公共団体に対して示す基準の設定及びその経緯」といった具合である。全部で「五」まである。ちなみに「五」は「職員の人事に関する事項」である。

公文書管理法とは

公文書管理法は全三四条からなる。その目的や狙い、運用されると何がどう変わるのかという視点からながめてみたい。

公文書管理法の目的は、第一条で規定している通り、「行政が適正かつ効率的に運営されるようにするとともに、（略）現在及び将来の国民に説明する責務が全うされるようにする」ことである。

管理法の前提となった「公文書管理のあり方等に関する有識者会議」の最終報告書（二〇〇八年一一月）は、基本認識として「国の活動や歴史的事実の正確な記録である『公文書』は、この（注・民主主義）根幹を支える基本的インフラであり、過去・歴史から教訓を学ぶとともに、未来に生きる国民に対する説明責任を果たすために必要不可欠な国民の貴重な共有財産」と、公文書の意義を記している。またその後段で「公文書を十全に管理・保存し、後世に伝えることにより、後世における歴史検証や学術研究等に役立てるとともに、国民のアイデンティティ意識を高め、独自の文化を育むことになる。この意味で、公文書は『知恵の宝庫』であり、国民の知的資源でもある」とする。

情報公開法と公文書管理法は車の両輪

公文書管理法施行の一〇年前に施行（二〇〇一年四月）された法律に情報公開法（行政機関の保有する情報の公開に関する法律）がある。公文書管理法は本来、この情報公開法と密接に関係する法律である。というより、情報公開法と公文書管理法がそろって初めて、国民の知る権利を確保できるのである。車なら両輪の関係である。言い換えれば、この二つの法律がなければ知る権利を満たすことはできない。管理法がなかったこれまでは「片肺飛行」を強いられてきたと言って過言ではない。

その証拠に、多くの「文書不存在」があった。情報公開法に基づいて公文書の開示を請求しても、「不存在」を理由に閲覧できない事態である。「不開示」となった請求のうち、「文書不存在」を理由とした件数は、情報公開法が施行された二〇〇一年度には約一六％（三一五一件）を占めた。その後も一〇％を超す状況が続き、最も多かった〇六年度は二〇％近くを占めた。しかし、〇七年度を境に低下、〇八年度以降は五％台以下に落ち着いた。情報公開も、公文書管理法の後ろ盾があって初めて効力を発揮できる。

公文書管理法は情報公開を実質的に担保するだけでない。現用文書が保存期限を迎えて非現用文書となり、公文書館等に移管されてアーカイブズとなるまでを一体的、「シームレス」に情報管理する役割が期待できる。

その意味で、上川陽子衆院議員が有識者会議の中間報告をまとめる際に加えた「時を貫く」という文言はまさしく、管理法の核心を突いた言葉であった。情報公開法の対象は役所で現時点で実際に使われている文書、つまり現用文書である。現用文書はその内容によって三〇年、一〇年、五年、三年、一年などと保存期限が決められている。情報公開請求の対象となるのは現用文書であって、保存期限が満了した文書は原則として対象外。基本的には廃棄されるのが定めであった。

要するに、保存期限の満了した文書、いわゆる非現用文書は原則的には閲覧できなかった。しかし、公文書管理法が施行されてこのルールが根底から変わった。文書を作成する段階で保存期限を設定してファイル管理簿に載せ、毎年度、適正に管理されているかをチェック。保存期限が満了して非現用となった歴史的価値のある文書（歴史公文書）は国立公文書館等に移管して閲覧に供する。公文書のライフサイクルを決め、文書の作成から管理、移管ないし廃棄までをスケジュールに従って行うことになる。

従来、府省庁ごとに決めていた管理基準も十分とは言えないが、統一的なものになった。府省庁はコンプライアンス（法令順守）の観点から管理状況を毎年、内閣総理大臣に報告する義務を負う。また二十八条の規定によって公文書管理委員会を設置、施行令やガイドライン設定などについて諮問する。

さらに不服審査も管理委員会が外部有識者の知見を活用するのが目的で、委員会は二〇一〇年七月に委員長（御厨貴東大教授＝当時）以下七人で発足した。主権者である国民には歴史公文書を閲覧する権利があり、利用を請求できる――ことを規定したのが公文書管理法である。

情報のフローとストック

概略は以上だが、経済などでしばしば用いられるフローとストックという概念を公文書管理に適用してみると、理解しやすいかもしれない。たとえば水道の蛇口にホースをつなぎ、水槽に水をためる場合を考えてみよう。

ホースの中を流れ、水槽に入るまでの水がフローであり、水槽にたまった水がストックとなる。この場合、言うまでもなく水とは公文書である。水道の管理人（管理法）はホースの中に異物が入り込んで水が滞ったり、ホースに穴があいて漏れたりしないで適正に流れているかを常時チェックする。ホースから流れ出る水をすべて水槽に入れてしまうと、水槽はすぐ水であふれてしまう。このため、適当に水量を調節し水槽からあふれないようにする必要がある。この水量調節が評価選別である。その度合いはよく、年間に作成する文書の数％と言われる。が、選別が複数次にわたる場合の一次選別では数十％に達することも珍しくない。

そのようにして水を貯め込んだ水槽がすなわち、公文書館である。アーカイブズは「記録資料」を意味すると同時に、それを保管する施設つまり「公文書館」をも意味する。

公文書管理法を実際に運用するには施行令、ガイドラインが必要になる。家にたとえると、法律はあくまでも柱や梁《はり》であって、実際に人が住むには壁や内装が必要だ。壁、内装にあたるのが施行令やガイドラインである。各府省庁は内閣官房公文書管理課が作成したガイドライン案に従って府省庁それぞれの事情を反映させた文書管理規則をつくった。

施行令は「公文書等の管理に関する法律施行令」、またガイドラインは「行政文書の管理に関するガイドライン」が正式な名称である。施行令は第一条から第二五条まである。たとえば、管理法の第二条第三項は「この法律において『国立公文書館等』とは、次に掲げる施設をいう」として、「独立行政法人国立公文書館の設置する公文書館」と「行政機関の施設及び独立行政法人等の施設であって、前号に掲げる施設に類する機能を有するものとして政令で定めるもの」と規定が書かれている。

そこで施行令を見ると、第二条に「法第二条第三項第二号の政令で定める施設は、次に掲げる施設とする」として「一　宮内庁の施設であって、法第十五条から第二十七条までの規定による特定歴史公文書等の管理を行う施設として宮内庁長官が指定したもの」という文章が出てくる。宮内庁が公文書管理法の施行に対応して新しく設置した宮内公文書館のことである。

続いて「二」にも同じような文章が出てくる。「宮内庁」と「宮内庁長官」をそれぞれ「外務省」と「外務大臣」に変えた文章だ。これが外務省外交史料館。さらに「三」として「独立行政法人等の施設」と「特定歴史公文書等の適切な管理を行うために必要な設備及び体制が整備されていることにより法第二条第三項第一号に掲げる施設に類する機能を有するものとして内閣総理大臣が指定したもの」を組み合わせた文章。持って回った言い方で理解しにくいが、要するに国立公文書館のことである。

こんな具合に施行令は書かれている。ガイドラインになるとさらに具体的で、たとえば「第二」の「管理体制」では、「1総括文書管理者」として下に「(一)○○省に総括文書管理者一名を置く」、「(二)総括文書管理者は、官房長をもって充てる」、「(三)総括文書管理者は、次に掲げる事務を行うものとする」と続く。

事務の内容としては「①行政文書ファイル管理簿及び移管・廃棄簿の調製②行政文書の管理に関する内閣府との調整及び必要な改善措置の実施」などがあるという具合である。

この○○省を外務省、文部科学省など具体的な各府省庁名に変え、微妙に異なる事情などを反映させてつくったものが文書管理規則だ。

たとえば、金融庁では総括文書管理者に「総務企画局総括審議官」を充て、副総括文書管理者を「総務企画局政策課長」が務める。さらに局ごとに「主任文書管理者」を置く。これに対し、最高検察庁では総括文書責任者を「次長検事」が務め、副総括文書管理者に「総務部長」を充てるといった具合。文部科学省の場合は、総括管理者を「官房長」、副総括管理者を「大臣官房総務課長」がそれぞれ務め、課ごとに「文書管理担当者」を置く。

文書管理規則は総則、管理体制をはじめ、整理、保存、移管・廃棄または保存期間の延長、研修などについて記述している。各府省庁それぞれの事情が反映されていて、それなりに「納得」させられるのだが、注意しなければならないことがあるとすれば、「別表」として府省庁ごとに決めた「行政文書の保存期間基準」であろう。文書の大まかな内容ごとに保存期間を設定しているからである。件名で表示しているわけではないからうっかりしていると、大事なポイントを見逃すことにもなりかねない。

たとえば国土交通省の保存期間基準で「補助金の交付の条件に関する文書」は「補助金等の交付に係る事業終了後五年」を保存期間にするとしている。県道や市道などの道路を建設する場合、国から自治体に補助金が出るのが通例だが、長期間使われる道路の建設に関連する公文書が事業終了後五年で廃棄されてしまってよいのだろうか、という疑問がわく。

各府省庁が内閣府公文書管理課の作成したガイドラインを基に、作成した文書管理規則案は、二〇一〇年一一月三〇日、一二月一四日にそれぞれ開かれた第四回、第五回の公文書管理委員会で提示された。各回とも議事は三時間を超え、配られた資料は二回分合わせて厚さ一〇センチにもなった。が、計三四に及ぶ府省庁・委員会（国家公安委員会など）

の持ち時間は一組織一五分。しかも公文書管理委員会の委員は事前に目を通していたとしても、すべてを細かく見るのは時間の制約もあって難しかったであろうから、本当にどこまで審議できたのか、疑問が残った。

施行令案、ガイドライン案に対して国民から寄せられた意見、いわゆるパブリック・コメント（七月三〇日〜八月一三日）は一四六件（施行令二六、ガイドライン一二〇）を数えた。

「公務に関しての文書はすべて公文書＝組織共用文書であり、個人文書、私文書の存在などあり得ない。組織共用文書と個人文書・私文書を区別すべきではない」

「公共事業の実施に関する事項、事業終了後五年を、最低でも一〇年のスパンで保存すべき」

「文書管理責任者の下で実際に文書管理を中心になって担う実行部隊については留意事項で〈その他〉として少し言及されているのみで、各省が任意で整備するような取り扱いになっている。しかし、文書管理が実際に機能するためには、この実行部隊を質量ともに充実させるべき」

「作成、保存、移管、公開等各段階において官僚以外の第三者の視点としてレコードマネジャー、アーキビストなど専門家が関与し、歴史的公文書が適正に保存、公開されるよう具体的方策を盛り込むべき」など本質に迫る指摘が多数寄せられた。

3　公文書管理法の成果と課題

公文書管理法の施行から七年余。果たして管理法はどこまで浸透し、成果をあげているのか。森友学園問題、加計学園問題、陸上自衛隊PKO派遣部隊日報問題をみる限り、公文書管理に対する認識はあまり変わっていないか、逆に後退しているようにさえ思える。内閣府が毎年度公表している公文書管理状況をみてみよう。

低迷する移管率

行政文書ファイル等の移管・廃棄の状況によると、二〇一六年度末（二〇一七年三月末）で政府が保有する全文書ファイルは一八四〇万ファイル。このうち、一六年度末に保存期間が満了した文書は、約二七五万ファイルある。そのなかで歴史公文書として公文書館に移管する対象となった文書は約一万八三〇ファイル。移管率で〇・四％だった。

移管率の推移をみると、一五年度が〇・三％、一四年度が〇・四％、一三年度が〇・三％、一二年度が〇・五％、一一年度が〇・七％となる。公文書管理法が施行された二〇一一年度が最も高く、最近はそのころに比べて半分程度に低下していることがわかる。主要国の移管率はおおむね二〜三%とされるため、日本はかなり見劣りする。

しかし、外国に比べて歴史的に意味のある文書が少ないはずもない。移管率が低いのは、各省庁に移管か廃棄かを判断する権限があることが一因である。また公文書は、各省庁が作成の段階で移管か廃棄か、もしくは延長かを判断して保管を続け、毎年度末（三月末）の保存期間が満了する半年ほど前に、内閣府公文書管理課・国立公文書館との間で協議が行われる。公文書管理課や国立公文書館は、省庁が廃棄を予定しているリストのなかから歴史的に意味があると思われる文書を評価・選別して公文書館に移管するように促す役割を担っているのである。

しかし、年間二〇〇万ファイルを超える膨大な量の公文書のチェックをする専門職員は両機関合わせても四〇人に満たない。単純計算でも一人あたり年間に数万のファイルを確認する必要があり、専門職の不足は慢性化している。こうした要因が重なって、移管率が依然として低いままなのである。

一方で、かつては九〇%を超えていた廃棄率はここ数年、六〇〜七〇%前後に落ち着いてきた。延長というかたちで移管か廃棄かの判断を先延ばししている面もあるが、保存期限が満了したら自動的に廃棄というのが当たり前ではなくなりつつあるようだ。また、文書を作成する際に保存期間満了時の措置を設定するのも普通に行われるようになってきた。二〇一六年度、二〇一五年度の場合、新規に作成（取得を含む）した文書の九九％以上が設定済みであった。

もちろん一方に防衛省、警察庁、公安調査庁など移管がほとんどなされない省庁もあるが、前述した数字などからみる限り、全体として公文書管理に対する理解は進んできたと言えるであろう。ただ問題は、公文書を作成して残す意義について行政機関の上層部、とりわけ政治に近いところにいる幹部になるほど認識が薄いように思えることである。これは地方自治体の首長なども同様である。関西のある都市で実際に起きた事例では、公文書をはじめとして数十年前から地域の歴史を物語る資料を蓄積してきたにもかかわらず、首長が交代し書庫のスペースが足りないとの理由から廃棄を命じられたということがあった。

国民には見分けがつかない「公文書」の区分け

公文書を管理する目的は、公文書管理法の第一条が示す通り、公文書が「健全な民主主義の根幹を支える国民共有の知的資源」であり、「現在及び将来の国民に説明する責務が全うされるようにすること」であって、「主権者である国民が主体的に利用し得る」点が大事なポイントである。しかし、多くの人が「公文書」と考えている文書は国や地方自治体の政策決定の過程や、法律・条例の制定の過程などを記録したものの「一部」でしかない。公文書管理法は三権のうち、「行政」文書だけを対象としていて、「立法」「司法」の文書を直接には対象としていないからである。

第一条では前述の通り、高らかに理念を掲げているが、第二条は、「この法律において『行政機関』とは、次に掲げる機関をいう」として、「一　法律の規定に基づき内閣に置かれる機関及び内閣の所轄の下に置かれる機関」「二　内閣府、宮内庁並びに内閣府設置法第四十九条第一項及び第二項に規定する機関」などと記されている。そして第二条の第八項には「この法律において『公文書等』とは、次に掲げるものをいう」とあって、「一　行政文書、二　法人文書、三　特定歴史公文書」が並ぶ。

そこには国会（立法）も、裁判所（司法）も出てこない。ただ司法文書は、行政を代表する内閣総理大臣と司法を代表する最高裁判所長官の間で協議が行われ、歴史的に重要な司法文書を公文書館に移管する取り決めができている。すでに民事訴訟原本などが国立公文書館に移管されている。しかし、国会（立法）との間では協議も行われていないし、文書の移管もされていない。公文書といっても、実際は、一般の国民には見分けがつかない形で区分けされている。特に問題なのが、国会にかかわる立法文書である。その多くが公開の対象外なのである。

立法文書は、議案、会議録、公報などの「印刷配布物」、それらの基となった各院・委員会で作成または受理された「原文書」、法制局の「法案起草にかかわる記録」、衆参両院と国立国会図書館にある調査部門の「調査記録」、裁判官弾劾裁判所の「訴訟記録」、裁判官訴追委員会の「訴追にかかわる文書」のほか音声・写真・映像資料など幅広い。

このうち、公開の対象となっているのは衆議院では議院行政文書、参議院では事務局文書（呼び方が衆議院と異なる）のほか国会図書館事務文書に限られ、原文書や法案起草にかかわる記録、裁判官弾劾裁判所の訴訟記録や裁判官訴追委員会の訴追にかかわる文書はすべて公開の対象外。わずかに調査資料の一部が限定的に公開されるだけである。

憲政史上初めて、第三者による調査委員会として国会が設置した東京電力福島原子力発電所事故調査委員会（国会事故調、黒川清委員長）の記録も同様である。委員会は二〇一一年一二月に発足、七カ月後の二〇一二年七月に報告書を国会に提出した。極めて精力的な活動を展開し、事故の原因を「人災」と位置づけた報告書は国際的にも高く評価された。しかし、その基となった一一〇〇人を超す証言、二〇〇〇回を超す請求で収集した原資料など貴重な情報が詰まった原文書は公開されていない。すべてを国会図書館が保管しているが、公開のためのルールがないため、公開できない。このままでは宝の持ち腐れになってしまう可能性が高い。ルールを決めるのは国会自身だが、その気配すらない。

総理大臣の記録が散在する日本

これに対し、諸外国では議会が独自に文書館を設置している例も少なくない。英国では国立公文書館とは別に議会文書館が存在し、議会が保有する各種資料を保存・公開している。ドイツは連邦議会の調査局の一課として議会公文書館があるほか、オランダは下院の議会文書館とは別に、議会文書の印刷配布物を保存、一般に提供する議会文書課を設置している。米国は各院の記録は会期終了次第、国立公文書館立法文書センターに移管、公表済みの文書は即時公開となる。

一方日本の場合、衆議院では事務局が保有する「議院行政文書の開示等に関する事務取扱規程」が二〇〇八年に施行され、参議院も二〇一一年に同様の規程を施行したが、移管という規程はない。このため、参院事務局が作成・取得した文書は事務局がそのまま保管。行政文書と違って国民が情報を開示請求する道がない。また歴史的な価値のある参議院文書を保管するために参議院史料室が設置されている。しかし、法案審議の過程がわかる文書などは移管されていないとみられる。情報が開示されないため、先行研究もあまりないが、最近の論考、大蔵綾子「参議院事務局及び衆議院事務局における現用文書の管理」(『レコード・マネジメント』七四号、二〇一八年三月)によると、「両院事務局とも文書管理はその大半が裁量的事務として位置づけられていることが分かった」。また、両院事務総長の指定により事務局文書から除外することができるが、「どのような文書が保有されているのか実態の把握が困難であり、言わばブラックボックスの状態となっている」としており、外部からはうかがい知れない。

公文書という視点から眺めていて不思議に思うのは、行政府の長である内閣総理大臣の文書が「ない」ことである。もちろん、全くないわけではない。しかし、国会議員でもあり行政府の長である総理大臣という職責に関連する総体的な文書、言い換えれば一人の総理大臣が任期中に行った政策判断などの全体像がわかるひとかたまりの資料が、日本には「ない」のである。

図書館関係者がよく読んでいる専門雑誌に、『LRG（ライブラリー・リソース・ガイド）』（アカデミック・リソース・ガイド社刊）という雑誌がある。二〇一七年冬号は「総理大臣資料はどこにある？」という特集を組んだ。発行人の岡本真氏は二〇一一年夏、岡山県総《そう》社《じゃ》市で橋本龍太郎元総理が寄贈した図書資料に出会って以来、仕事で旅をする道中、「総理大臣資料はどこにある？」という問いを常に自分の中にぶらさげておくことにした、と特集の冒頭で記している。そしてルポルタージュを織り交ぜながら、圧巻の「総理大臣資料」全調査を敢行したのである。

「総理大臣資料」とは岡本氏が自分の問題意識を整理しながら考えた言葉である。総理大臣は政治家として、その人生において多種多様な記録・資料を残している。公的記録として発信・記録された資料群のほかに日記もあれば、書状・書簡もある。書き込みのある執務資料、メモなど政策決定の裏面をうかがえるもの、さらに書画や色紙、著書、蔵書類、愛用品までを含むというのが岡本氏の定義した「総理大臣資料」である。換言すれば、公文書にとどまらず私文書や物品までがその対象となる。

初代（五代、七代、一〇代も）総理大臣の伊藤博文から始まって、九五代野田佳彦まで全員の名前、在任日数・期間、総理大臣資料の所在先、その他関係機関などを一人ずつ列記している。伊藤博文の資料は国立国会図書館憲政資料室、神奈川県立金沢文庫のほか、伊藤公資料館（山口県光市）、大磯町郷土資料館などにもあり、伊藤公資料館は伊藤家から提供を受けた写真アルバム、大礼服《たいれいふく》、硯《すずり》・筆、関連文献などを展示するほか、大磯町郷土資料館では使用した帽子やサーベルなども所蔵するなどといった具合である。

また二代黒田清隆の資料は、鹿児島県歴史資料センター黎明館、国立国会図書館憲政資料室、宮内庁書陵部、早稲田大学特別資料室などが保管している。三代（九代）山県有朋は国会図書館憲政資料室、神奈川県小田原市立図書館のほか、晩年を過ごした栃木県矢板《やいた》市にある山縣有朋記念館は手記や書簡など一五〇〇点の原資料からなる「山縣文書」や軍服、陣営具、肩章、徽章《きしょう》などを所蔵しているなどという具合である。

ところが、明治の元勲はともかく、大正、昭和と時代がくだるにつれてバラつきが出てくる。二〇代高橋是清の資料は国会図書館憲政資料室、首都大学東京図書情報センターのほか、工業所有権情報研修館図書閲覧室、特許庁図書館などにも遺稿集がある。その一方、二一代加藤友三郎の資料は「不明」とあるだけ。二七代濱口《はまぐち》雄幸《おさち》は国会図書館憲政資料室、高知市立自由民権記念館のほか浜口雄幸生家記念館（高知市）、浜口雄幸旧邸などに分散している。

資料の存否、さらにあったとしてもその保管先が不明の総理も少なくなく、三一代岡田啓介、三三代林銑十郎、三七代米内光政、四〇代東條英機、四一代小磯國昭、鳩山一郎（五二、五三、五四代）の資料も「不明」。戦後の総理大臣では「三角大福」と言われた三木武夫（六六代）、田中角栄（六四、六五代）、大平正芳（六八、六九代）、福田赳夫（六七代）のなかで、まとまった形で資料が残っていることがわかるのは三木と大平の二人。二〇一八年、百歳を迎えた中曽根康弘（七一、七二、七三代）は書簡、メモも含めて政治活動の記録をすべて国会図書館に寄託、憲政資料室が分類作業を続けているが、七九代細川護熙《もりひろ》以降の首相経験者はすべて「不明」となった。

むろん、「不明」であってもそれなりに資料は残っているはずである。しかし、全体像がわかるかとなると「不明」なのである。残っていたとしても、国会図書館憲政資料室にあるかと思えば郷里の県立図書館、もしくは出身地自治体の図書館や郷土資料館、個人を顕彰するために建設された記念館にあるという具合にばらばらで統一されていない。一人の首相経験者に関する資料を網羅しようとすると、あちこちを探し回らないと収集できない。この調査は図らずも、そうした実態を改めて明らかにした。

米国NARAが管轄する大統領図書館

これに対し、米国は第三一代大統領のハーバート・フーバー以降、第四三代のジョージ・W・ブッシュまで一三人の大統領の資料を収蔵する一三の大統領図書館がある。フーバー大統領以前の大統領のなかにも初代ジョージ・ワシントンをはじめ一〇人の大統領図書館がある。しかし、フーバー大統領以降の大統領図書館は、同じ大統領図書館という名前で呼ばれていても米国NARA（国立公文書記録管理局）が管轄する公文書館という顔も持っている。一四番目の大統領図書館は四四代大統領バラク・オバマの出身地であるシカゴに建設済みで、退任五年後の二〇二二年一月二〇日から情報自由法の適用を受けて情報公開の対象となる予定だ。

実は総理大臣資料を特集した『LRG』二〇一七年冬号にはもう一つ、寄稿による特集があって「壮大なバイオグラフィーとしての大統領図書館」のタイトルがついている。文芸エージェントとして日本の著作を世界に発信する仕事をしている大原ケイ氏が執筆した記事である。それによると、現在の大統領図書館システムは一九五五年に米議会が制定した大統領図書館法（PLA）によって、「私的に建立され、公的に運営される」大統領に関わる資料をアーカイブ（記録資料）化するためのデポジトリー（保管所）になった。当初は私的なものとして建設が始まり、公的なものに変わったわけである。

このため、現在でも大統領図書館の仕組みは少々ユニークである。図書館の建設地は大統領ゆかりの地であることが多い。しかし、建設自体に公的資金が費やされることはない。「大統領は自分のレガシーにふさわしいと思われる図書館を、自分が集めた資金で建てる」（寄稿文）ことになっており、一般市民からの寄付を募ってもよい。

ただし、大統領図書館の土地面積に応じて建設後もメンテナンスにかかる費用の一部を負担していかなければならないという。一九八六年の大統領図書館法の改正で「建物床面積は七万平方フィート（約六五〇〇平方メートル）を超えると維持費がワンランク上がり、負担が大きくなる」（同）仕組み。維持していくにも多額の寄付が必要になる。建物は完成すると、連邦政府に寄贈され、連邦政府の所有物となる。

簡略化して言うと、大統領図書館は博物館・図書館＋文書館。地元がつくる財団が中心になって建設を進め、開館後も博物館・図書館については財団が主として運営を担当する。

一方、文書館の運営では、「大統領が退任した時点でNARAはホワイトハウスから持ち出したすべての文書や資料、つまり公文書から私的な手紙の類までの関連書類を、首都ワシントン郊外にある国立公文書館（NARAに所属）の大統領図書館部門で保管する。（中略）NARAは関連書類を整理し、国家機密に関わる情報については、連邦政府の職員で国家機密のクリアランス（セキュリティレベルに応じて身上調査を受け、それが証明された者に発行される安全証明のこと）を受けたアーキビストが、一定期間を経なければ公開すべきではない資料かどうかをチェックする」（同）という手順で行われる。

公務に関する資料はすべて大統領図書館が保管し、アーキビストという専門職の判断に基づいて情報公開される仕組みである。大統領図書館には、連邦政府から派遣されたアーキビストが常駐し、書類や物品の保管状態を指導している。

ニューヨーク郊外ハイドパークにあるルーズベルト大統領図書館では、一九四一年一二月の真珠湾攻撃を受けた米軍が組織をどのように変えたか、諜報機関のあり方や外交政策がどう変わったかについて歴史家が解釈を試みたビデオや、現役のニュース解説者によって制作された当時を振り返る作品などが展示され、「古いものをそのまま保存するのではないアーカイブがそこにあった」（同）と大原氏は記す。二〇一三年開館のジョージ・W・

ブッシュ（第四三代）大統領図書館が所蔵する文書は七〇〇〇万ページを数え、電子資料は八〇テラ（兆）バイト。その中には二億通の電子メールと四〇〇万枚の写真コレクションが含まれるという。

一三ある図書館のなかで最も人気を集めるのがボストンにあるケネディ大統領図書館だ。日本の国立公文書館は二〇一五年三月、ケネディ大統領図書館が所蔵する資料を借り受けて「ＪＦＫ　その生涯と遺産」と題する特別展を開催し、開館以来最も多くの見学者を集めた。キャロライン・ケネディ駐日大使（当時）の尽力もあり、門外不出だった資料が初めて海外に貸し出された。特別展を企画した公文書館の担当者は、大統領図書館の管理基準の厳しさに目を丸くしたそうだが、一九六二年のキューバ危機のさなかにケネディが心情をつづったメモなどのほか、第二次大戦中に日本軍の攻撃を受けて搭乗していた魚雷艇が沈没、救出を求めてココナツの殻にメッセージを刻んだ話で知られる、そのココナツを入れて作った文鎮《ぶんちん》などが展示され、見学者の関心を引きつけた。

ウォーターゲート事件

米国ＮＡＲＡのシャロン・ファセット大統領図書館局長（当時）が「大統領図書館の歴史と役割」と題する講演を日本各地で行ったのは二〇一一年五月。ファセット氏によると、通常、大統領図書館は大統領が退任して三年前後経過した後に開館される。開館当初は大統領の視点からの展示が主となる。いわば退任した大統領による回顧展的展示で、第一期として一〇年から一五年展示した後、リニューアルされる。この段階で研究者を含めた様々な評価が加えられ、それまでとは異なる展示内容になるという。

一つの問題に対する歴史の評価が、時間の経過とともにどのように変化したのかを展示として見せる工夫が凝らされている。

情報公開で大きな画期となったのは、ウォーターゲート事件である。第三七代リチャード・ニクソン大統領は一九七二年の大統領選挙で再選をねらい、対立する民主党本部に盗聴器をしかけようとした疑いが持ちあがった。もみ消しを図ったことが発覚して議会と対立、下院司法委員会が弾劾を可決したのを機に一九七四年八月、辞任に追い込まれた。

「政府公文書を管理する共通役務庁（General Services Administration）はウォーターゲート事件の証拠となる録音テープを含む大統領資料の隠滅を恐れ、それらをニクソン自身が管理することを認める協定を結んだ。連邦議会は同年一二月一九日、ニクソンの資料廃棄を防止するための特別立法である大統領録音記録・資料保存法（Presidential Recordings and Materials Preservation Act）を成立させた」（筑波大学図書館メディア研究科・山本順一教授）。テープは非公開とされ、ニクソン大統領図書館の位置づけもＮＡＲＡの管轄外となっていた。だが、同図書館は二〇〇七年七月一一日付でNARAの所管となり、それと同時にテープは公開となった。

日本とのあまりの違いに驚く。米国では情報を基盤として政治が動いていると言われる。米国議会で上院議員の政策秘書として仕事をした経験がある上川陽子衆院議員（現法務相）は初の公文書管理担当相に就任したときのインタビューで、「様々な記録がいろんな角度から集められ、どのように意思決定されたかが一目瞭然でわかる。カナダやフランスなども同様に、自分たちの営みの記録を積み上げた上に成り立っている」（二〇〇八年三月二五日「日本経済新聞」夕刊）と語っていた。大統領制のアメリカと議院内閣制の日本とを同列に扱うことはできないが、行政機関だけに文書の整理・公開を委ねるという日本の現状は、三権分立制に照らしても早急に改善していく必要がある。

公文書管理法の生みの親と言われる福田康夫元総理は、「政治家の史実ですね。それは総理大臣だけの問題ではないかもしれない。行政機関の長である各省大臣、とりわけ官房長官は重要な役割を果たしています。また大臣を務めなくても、与党の幹事長など政治のうえで大きな仕事をした人たちの残した資料は、行政から出てきた文書とはやはり少し違う。また、対象とするのがそれぞれの政治家の在職期間だけなのか、そうでなければ、期間をどうするのか、よく吟味してルール化していく必要がある」（『LRG』二〇一七年冬号）と指摘している。

欠かせない三権分立の視点

そうした意味で、国権の最高機関である国会の、公文書管理に対する意識はどのようなものであるか、は重要な要素となる。そこで筆者は二〇一八年三月、学習院大学大学院アーカイブズ学専攻の教員、院生の協力を得て、衆参両院の国会議員全員に対するアンケート調査を実施した。衆院四六五人、参院二四二人の計七〇七人に八項目にわたる質問用紙を送付、三月末までに回収した。

回答は衆院四三人、参院一八人の計六一人と一〇％に満たず、回答率からみると満足できる水準には達しなかったが、回答した議員の多くは立法文書の情報公開に対して前向きであることがわかった。

回答の内訳は自由民主党一三、立憲民主党一五、希望の党（当時）一三、日本共産党九、日本維新の会四、社民党二、民進党二、無所属三。公明党はゼロ回答であり、二％の自民党と合わせて与党議員の意識の低さが気になるところである。

結果は以下の通り。

問1　国の公文書の扱いに関してどのような関心を持っているか。
回答　「強い関心があり、積極的に関与したい」と「関心があり、今後の動向を見守りたい」を合わせて九〇％超となり、「今後検討すべき問題と認識している」は九％。

問2　議員立法に関する公文書の公開について。
回答　「積極的に公開すべき」と「一定期間の経過後など条件を付したうえで公開すべき」を合わせて九六％となり、「機微にわたる公文書は公開すべきでない」の回答は四％にとどまった。

問1　公文書の扱いに関する関心

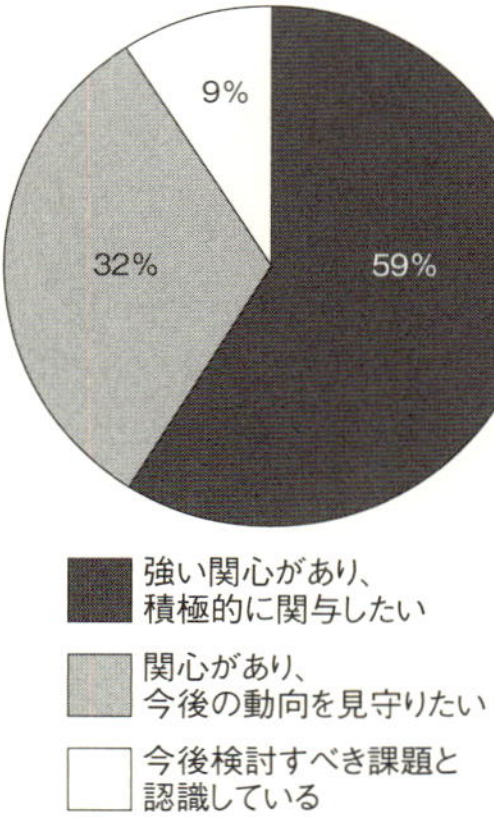

問2　議員立法に関する公文書の公開

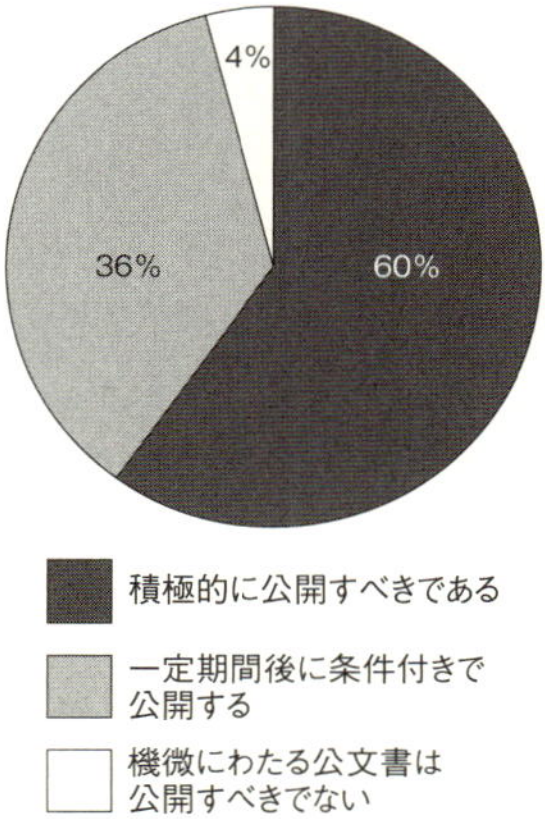

問3　上記議員立法に関する公文書の取扱いについて。

回答「整理して保管、随時参考にできるようにしている」（四二％）、「適宜整理はしているが、場所を取るので古い記録は廃棄している」（三九％）の一方、「法律が制定された段階で廃棄している」との回答が二％、また「秘書など事務局スタッフに委ねているので詳しくは分からない」の回答も四％あった。「議員立法に関する文書は保有していない」議員は一一％。

問3　議員立法に関する公文書の取扱いについて

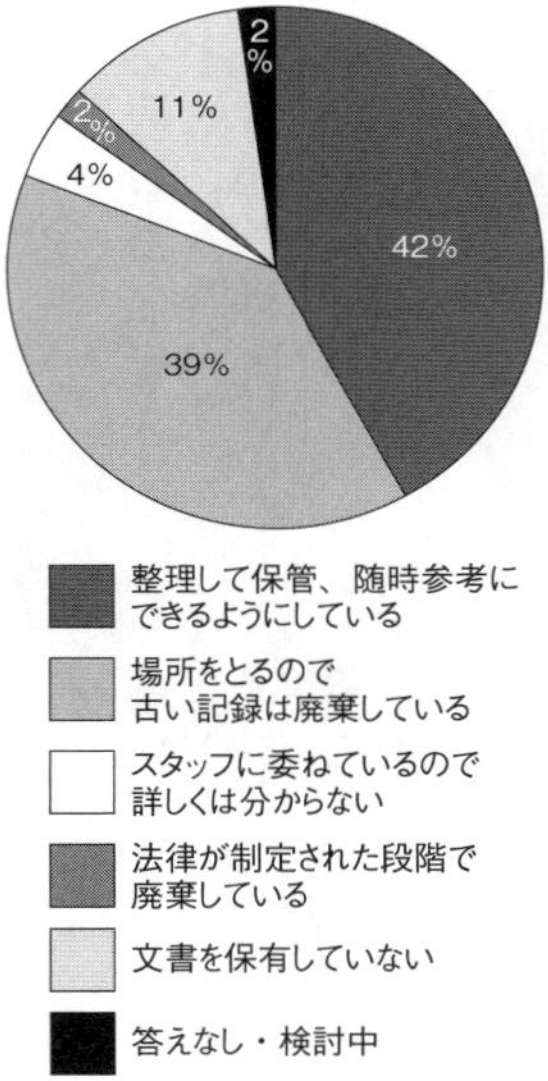

問4　議員個人・事務所の活動に関する文書類の取扱いについて。

回答「日記や書簡など私的な記録も含め多様な記録を残し、今後に資するために保管」している議員は少なく（四％）、多くは「国会活動に関する文書類は基本的に整理・

保管している」（七八％）ことがわかった。一方で、「政治資金規正法、公職選挙法等に関わる文書以外はほとんど廃棄している」議員も一五％いた。複数の議員が指摘した通り、時間的余裕のなさ、スタッフ不足が大きな要因と言える。

問5　議員個人・事務所の活動に関連する文書類の保存・公開について。

回答　「重要な文書は一定期間後に保存・公開施設に委ね、将来国民に公開するような共通ルールを設けるべき」とする回答が二

問4　議員個人・事務所の活動に関する文書の扱い

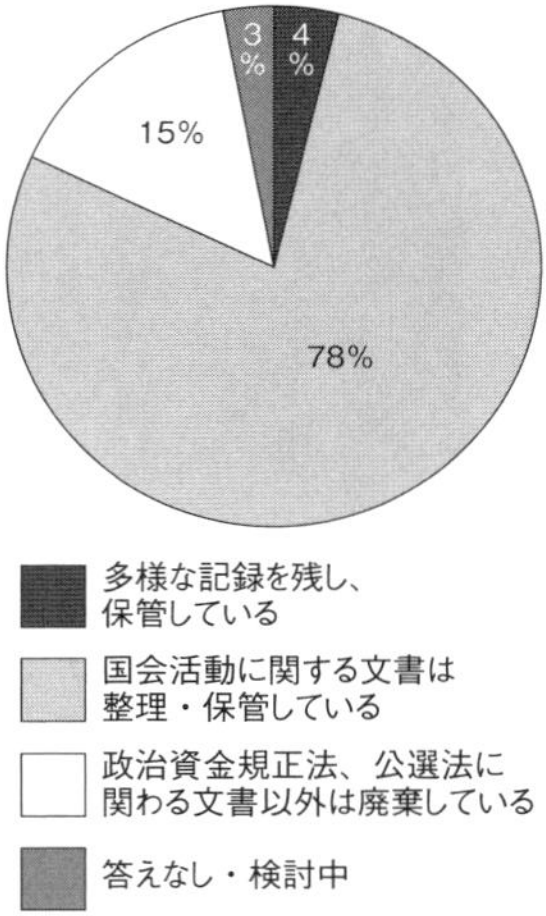

問5　議員個人・事務所の文書の保存・公開について

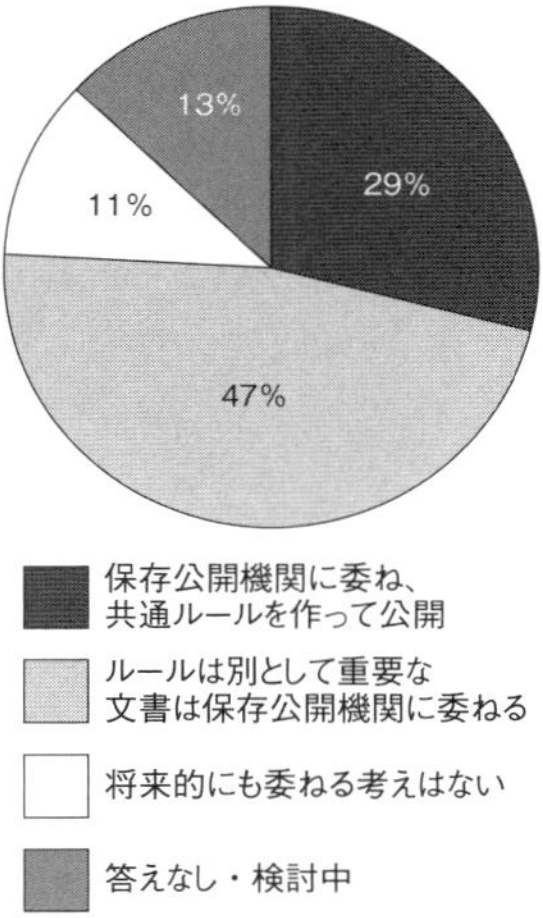

九％あった一方、「共通ルールは設けるべきではないが、重要なものは可能な限り保存・公開施設に委ねる」（四六％）との回答が最も多く、「議員や事務所の活動に関する文書は将来的にも委ねる考えはない」の回答も一一％あった。未回答もしくは検討中が合わせて一三％あった。

問6　立法府の公文書の扱いに関して

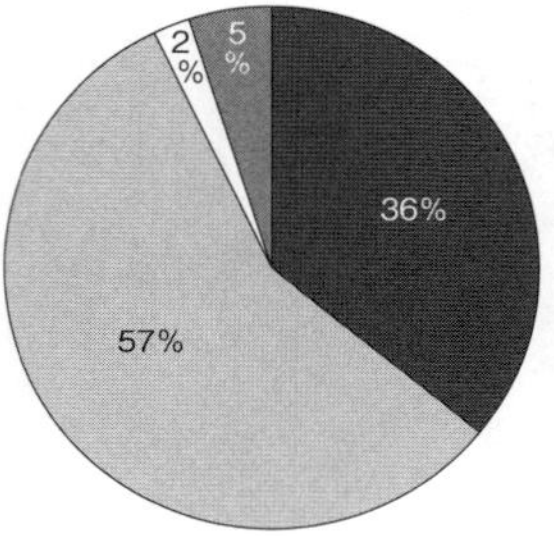

問6　立法府の公文書の多くは、国民の側から情報の開示を請求する権利が認められていない。このことに関して考えを聞いた。

回答　「原則として広く国民に公開すべきである」（三六％）のほか、「一定期間を経たものなどについては公開する共通ルールを設けるべき」（五七％）との回答が多数を占めた一方、「自由な議員活動の妨げになる可能性があるため、公開すべきでない」（二％）との回答もあった。「検討中」として保留した議員は五％だった。

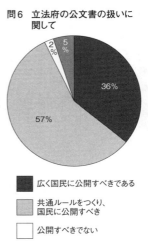

問7A　憲政記念館収蔵の事務局文書は目録にあれば閲覧可能だが、現実は移管が進まず目録にない文書も多い。議員個人・事務所の文書の保存・公開についての考えを聞いた＝衆院議員のみ回答。

回答　「積極的に移管を進め、速やかに目録を整備して国民に公開すべきである」が過半数を超え（五八％）、「徐々に公開の度合いを高める必要がある」（四〇％）と続いた。「現状で十分対応できている」との回答はゼロ。「検討中」は二％。

問7B1　参議院議会史料室は設置されていても、戦前の貴族院公文書は国民に公開されていない。考えを尋ねた（参院議員のみ回答）。

回答　「議会制度の発展過程を理解するうえで重要であり、積極的に公開するべき」と七三％が回

問7A　議員個人・事務所の文書の保存・公開について

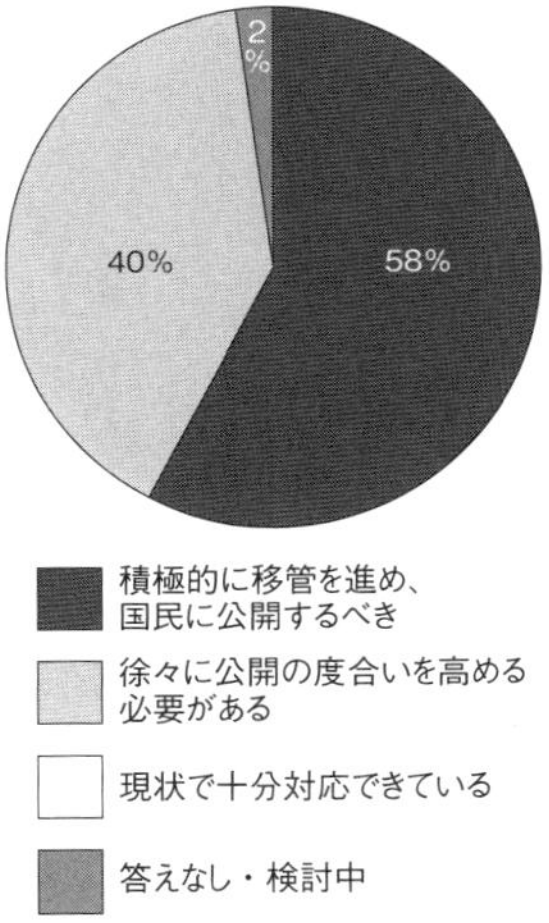

答し、一七%は「直ちに対応は難しくても徐々に公開の度合いを高める必要がある」と回答。「現状で十分」の回答は一人（五%）。未回答も一人（五%）。

問7B2　参議院事務局の公文書は保存期間満了後に議会史料室に移管する仕組みがない。考えを尋ねた。＝参院議員のみ回答。

回答　「速やかに移管する仕組みを整えるべき」が六八%、「直ちに対応は難しくても徐々に仕組みを整える必要がある」が二二%あり、「現状で十分」は同じく一人（五%）。未回答一人（五

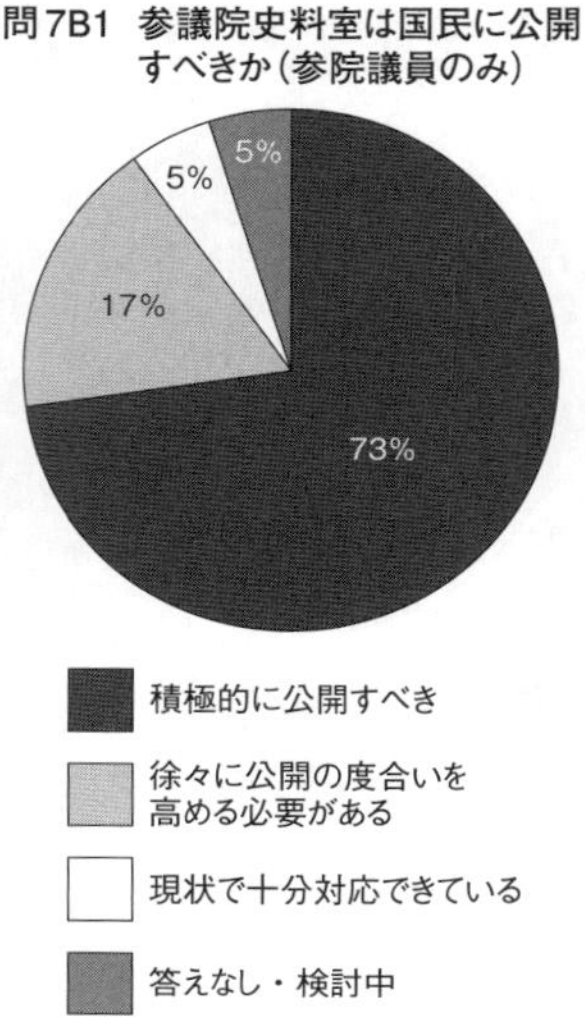

問7B1　参議院史料室は国民に公開すべきか（参院議員のみ）

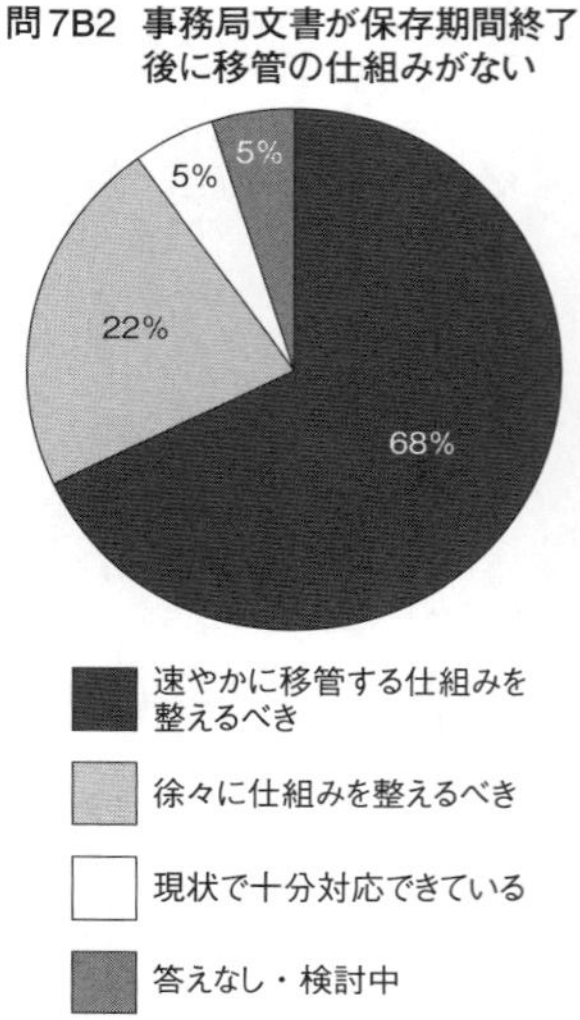

問7B2　事務局文書が保存期間終了後に移管の仕組みがない

%）

問8　立法府の公文書を永続的に保管し、将来国民に公開するための適切な施設・組織とはどのようなものか。

回答　「国立公文書館がふさわしい」との回答が四七%、「国立国会図書館に移管する制度を新たに設ける」との回答が三一%、「衆院は憲政記念館、参院は議会史料室」とする回答が一一%あった一方、「作成した部署（事務局）で保存・公開すれば良い」はゼロ、「検討中」が一一%となった。

問8　立法府文書を保管し公開するのにふさわしい施設

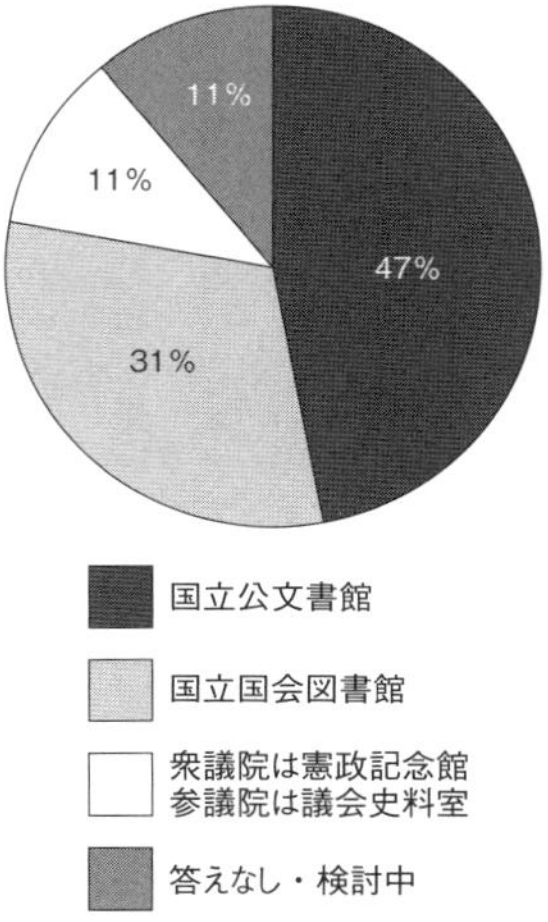

このほか、個別に意見を記した議員がいる。内容を列挙すると

・落選と同時に廃棄せざるを得ない文書も多く、立法の過程を知る資料が失われている。
・立法過程の文書を議員、事務所単位で整理・保管するのはスタッフ数、能力、経験から考えても不可能。両院の法制局に委ねられないか。
・政党のなかに存在する文書も重要。議員から政党に寄せたものもあり、この位置づけも必要ではないか。
・スタッフ不足で手が回らない。
・スタッフ等環境の整備が必要。
・衆院法制局、参院法制局、調査室などの作成文書を保存することは必要。
・公文書の扱い方のほか、憲政記念館の在り方について議論すべき。

国立公文書館の位置づけ

二〇〇九年、公文書管理法案の国会審議が始まる前、一部の学者、市民は「こんな管理法ならない方がまし」と批判した。主に、「行政機関の長には文書を公文書館に移管するか廃棄するかを判断する権限がある」とした一文をもってのことである。

が、この問題以外も含めて内容に様々な不備があったとしても、現時点で公文書管理法自体を否定する意見は恐らくないだろう。上川氏も指摘したように、あのタイミング、状況でなければ成立しなかったのは確実と思われるからだ。もっともそのことがすなわち、公文書管理法を全面的に肯定することにはつながらない。尾崎護座長が主導し、一二回にわたって熱心な議論が続いた有識者会議報告の到達点には遠く及ばないためである。

その一つは国立公文書館の位置づけである。有識者会議では、「公文書管理担当機関の在り方」として国立公文書館を現在の独立行政法人から権限と体制を拡充した「特別の法人」とすることが適当であると結論づけている。有識者会議は公文書館の位置づけについて、二案を軸に検討した。

一つは国の機関に戻して文書管理機能のすべてを一つの組織にまとめ、内部部局・外局または特別の機関とする案である。残る一つが各府省や立法府・司法府からの円滑な移管が可能となるような権限をもつ「特別の法人」である。

有識者会議はこのうち、予算や人事の柔軟性が保て、立法府、司法府との間で移管のルールを協議するうえからも、「特別の法人」が適当であるとした。しかし、「特別の法人」は実現しなかった。現行の施行令やガイドラインのままでは、国立公文書館が活躍する場面を想定するのは難しい。作成した文書を適切に保管し、歴史的に重要な文書は公文書館に移管して永久保存するには、レコードマネジャーやアーキビストなど専門家の判断、助言が不可欠と考えられるのに、である。

現有人員が約五〇人、うち公文書専門官は十数人を数えるのみという現実を考えれば、致し方ない面はある。しかし、公文書管理を真に実のあるものにするには、公文書館並びに専門職に今以上の役割を担わせる必要がある。

「三〇年原則」を具体化すべき

関連して言えば、中間書庫についても力が抜けてしまった感がある。中間書庫とは現用文書を集中的に保管しておく施設を指す。現用文書といっても、一定期間を過ぎた文書はそれほど利用されるわけではない。そうした文書を一括して管理する施設を公文書管理機関が設置し、各府省から引き継いで横断的に集中管理する仕組みが中間書庫である。内閣府は以前、実証的パイロット事業を行っていたが、府省庁を超えた集中管理の構想は雲散霧消したかのようで、各省ごとに中間書庫を設置することになった。

ほかにも積み残した課題はいくつもある。公文書館に移管した文書の開示である。府省庁には移管した文書が公文書館によって開示されてしまうことを恐れる傾向が強い。公文書管理法第一六条が、「国の安全や治安などに関わる情報が含まれている場合、開示を制限できる」としたのはそのためである。しかし、開示・非開示の判断が恣意的になるのは極力避けなければならない。その意味で、国際的な慣行となっている「三〇年原則」を具体化するべきである。公文書管理委員会の委員を務めた三宅弘弁護士は、二〇一〇年七月一二日に開かれた公文書管理委員会の第一回会合で「検討していただきたいこと」として三〇年原則の具体化に言及した。

三〇年原則は、作成から三〇年を経過した公文書は原則として公開するという国際的慣行。一九六八年、スペイン・マドリードで開かれたＩＣＡ（国際文書館評議会）の大会で議題となった「アーカイブズ組織における保存資料の公開時期に関する決議・勧告」を指す。公文書管理法では「時の経過を参酌して」という表現にとどまった。このため、曖昧さを残すこととなり、恣意的な判断がなされる可能性を否定できない。

これに対し、外務省は外交記録公開に関する規則で三〇年原則を打ち出しており、一歩先行した形である。国立公文書館もこれにならい、三〇年原則を明確化するべきではないだろうか。すでに米国などでは三〇年より短縮される傾向にあり、二五年を一つの区切りとする動きもある。

また三宅氏は公文書管理法と情報公開法の連携についても検討すべきという意見を表明した。三宅氏は情報公開法の専門家であり、政府が二〇一一年一月二四日召集の通常国会で審議を予定していた情報公開法改正のための検討チームの座長代理を兼務。検討案では、情報公開法の定義に「国民の知る権利」を明記するなど従来に比べて大幅な改正を目指す姿勢を鮮明にしていたが、結局、改正案は廃案となった。

公文書管理法との円滑な運用を考えたとき、大きな積み残しがある。また刑事裁判記録については、その目録さえほとんど公表されてこなかった。民事裁判とは性格の違いもあり、一概に非難はできないが、目録すら公表されない現実をこのままにしておいてよいのか。議論していく必要がある。

司法、立法の問題はともかく、あまり指摘はされていないが、行政機関でさえすべてに公文書管理法の網がかけられているわけでもない。その象徴ともいえるのが官邸である。『広辞苑』によれば、内閣は「国の行政権を担当する最高の機関」であり、「首長たる内閣総理大臣及びその他の国務大臣で組織する合議体」だという。

本来ならば、内閣に関する文書も公文書管理法の対象なのだが、現実には閣議など一部の記録しか文書として残されていない。閣議の後に開かれる閣僚懇談会は、様々な政策が具体化するうえで重要な場であるにもかかわらずその記録は残されない。また、民主党政権時代は「政治主導」が強く打ち出され、官僚を排し大臣、副大臣、政務官のいわゆる政務三役で政策を決定する形になった。が、三役会議は型通りの内容に終始し、実質的な議論は三役会議の前にしばしば開かれる食事会の場で行われたという。安倍政権になって閣議議事録については公開されるようになったが、ホームページで公開される議事録が空疎《くうそ》なのは周知の事実である。

包括的な文書管理が必要

安倍政権成立以降でいえば、二〇一三年一二月に成立した特定秘密保護法の問題がある。本来、政府の情報は秘密情報も含めて全体としてどのように管理し、運営していくべきかの議論が欠かせない。しかし日本では根本的な議論を十分に経ることなく、個別の法律の運用がなされることが多い。情報公開法、公文書管理法、特定秘密保護法、個人情報保護法など多種多様な情報に関する法制に関する全体的な議論はされていない。

そうした議論は、効率を考えれば確かに非効率的である。国全体としてその場しのぎ、対処療法に慣れているためであろうか、国会を挙げて根本的な議論を交わすことが少ない。その典型が特定秘密保護法ともいえる。

特定秘密保護法は、「我が国の安全保障に関する情報」のうち特に秘匿すべき情報を保全するための法律として二〇一三年一二月六日に成立、一年後の二〇一四年一二月一〇日施行となった。防衛、外交、特定有害活動（スパイ活動）防止、テロリズムの防止の四分野を対象に、同法の別表に掲げる二三項目（細目にすると五五項目）に該当する情報のうち、公になっておらず、漏洩すると国の安全保障に著しい支障を与えるおそれがあるため特に秘匿する必要があるものを行政機関の長が特定秘密として指定するという内容である。特定秘密の取扱い者を選定して適正評価を行い、漏洩などがあった場合、最高一〇年の懲役、情状により一〇年以下の懲役及び一〇〇〇万円以下の罰金を科す。

特定秘密の範囲は広く、運用を監視する機関の権限や独立性が十分でないため、際限なく秘密が広がっていくのではないかと危惧された。制定されるまでは反対論も強く秘密法に関する報道も多かったが、施行後以降は報道も少なくなり、関心が薄れた。

しかし、特定秘密は施行後以降着実に増えており、政府が二〇一八年五月に国会に提出した一七年の運用状況に関する報告によると、新たな指定は八機関三九件、解除は九件で、一七年末時点の特定秘密は計五一七件となった。施行直後の一四年一二月時点で三八二件であったことからみると一三五件増えている。一件ごとに大きく内容が異なるため、どれくらいの文書が含まれるかは不明である。

件数の増大はともかく、情報の秘匿に必要以上に固執しているようにみえるところが問題である。一例を挙げれば、二〇一六年中に廃棄された保存期間一年未満の特定秘密文書は約四四万五〇〇〇件にのぼった。二〇一五年末時点での特定秘密文書が三二万六〇〇〇件であるのに、それを上回る文書が廃棄されたことになる。国会に対して行われた報告によると、複製が含まれていたため数字が大きくなったという。

また、公文書管理法との関係では、秘密指定が三〇年を超える場合、公文書管理法上の保存期間が満了した後も保存が義務づけられる。これに対し秘密指定三〇年以下の文書の場合、公文書管理法上の保存期間がそれより短いと、公文書管理法上の保存期間が満了すれば内閣総理大臣との協議、独立公文書管理監の検証を経て廃棄できる。

つまり、秘密指定されたまま廃棄可能となる。いわば、抜け穴があるわけで、政府がこれを悪用すると、国民が全く知らないままに情報を葬り去ることも可能になる。二〇一六年三月施行の安全保障関連法との関連でいえば、集団的自衛権行使のため自衛隊が出動する場合、国会の承認が必要だが、特定秘密の壁に遮られて国会に十分な情報が提供されないおそれがある。果たして、政府の暴走を防げるか、「平時から（有事の際の）情報提供の在り方を検討しておく義務がある」と衆院情報監視審査会の報告書は求めている。

何度も繰り返すが、公文書は、「民主主義の根幹を支える基本インフラであり、過去・歴史から教訓を学ぶとともに、未来に生きる国民に対する説明責任を果たすために必要不可欠な国民の貴重な共有財産である」（有識者会議最終報告）。公文書を適正に管理・保存し、後世に伝えることは国の重要な責務である。その意味で、政治家の責任と自覚は極めて重要である。

4　公文書管理の「明日」に向けて

「公文書散逸防止に関する建議」

東京・北の丸公園にある、現在の国立公文書館ができたのは一九七一年。総理府の付属施設として建設された。日本学術会議の兼重寛九郎《かねしげかんくろう》会長が一九五九年（昭和三四年）一一月二八日付で内閣総理大臣、岸信介宛に提出した勧告「公文書散逸防止に関する建議」が契機であった。少々長くなるが、内容を紹介しよう。

「わが国においては、諸外国の例に見られるような国立公文書館のないことが、保管期限の過ぎた官公庁の公文書の散逸消滅の最も重要な原因をなしている。（中略）究極の目標として、政府による国立公文書館の設置を切望するものであるが、その前提として、政府において公文書散逸防止ならびにその一般利用のため、有効適切な措置を講ぜられるよう要望する」として以下に理由を述べる。

「（一）（略）公文書と称するのは、官公庁において（市町村役場に至るまで、中央・地方を問わず）起案授受された学問的重要な意義をもった書類、議事録、帳簿類をいい、活版印刷されたものは除外する」

「（二）（略）永年保存、二〇年、一〇年、五年、一年保存など、それぞれの官公庁が行政上、審議上の必要度に応じた区分で保管され、その期限をきれたものは、出入りの屑業を通じ、製紙原料として流出している。（中略）天災によるのみならず、官公庁の統合廃絶などによる人為的な破棄消滅もはなはだしい。近年進捗した市町村合併の結果、整理と称して、廃棄された文書帳簿の点数はおびただしいものがある。これらの文書は、一般学術資料として、また近代日本の発展過程をあとづける史料として、きわめて重要な根本資料であるが、それがすこぶる無造作に処理されている憾《うら》みが濃い」

「（三）（略）どの役所にどういう文書記録があるか、中央・地方を問わず、完璧なリストすら作成され公開されないため、研究に支障が多く、その効率を妨げている」

「（四）（略）諸外国から来日する研究者で、近代日本の実績を調べ研究しようとする場合にも、恰好な手引きを用意することができず、各国とくらべて、余りにも粗雑な公文書整理の実態、政府のこれに対する無策を慨嘆させている。諸外国では、文明国、後進国の別を問わず、公文書館が設立されている場合が多い。（中略）日本の文書記録は、一種の文化財としてこれを国の責任において保存することが、国民にたいする義務である」

国立公文書館の設置

「後進国」などといういまでは使われない用語も出てきて、いかにも戦後十数年を経たばかりの時代に記された勧告であることを感じさせる。そうして「公文書の保存、閲覧・展示などへの利用、公文書の調査研究を行う機関」を目的として一九七一年七月、総理府所管の国立公文書館が設置された。しかし、「その規模は国立公文書館としては貧弱であり、申しわけ的に公文書館の上に『国立』をつけたといった程度の施設であるのは残念である」と、元藤沢市文書館長の高野修氏は岩上二郎著『公文書館への道』に記した。

なぜなら、公文書館が設置された当時、所蔵していた資料の多くは古文書、古典籍などであり、江戸幕府から引き継いだ「紅葉山《もみじやま》文庫」の蔵書などがその中心であったからである。高野は続ける。「中央官庁公文書を収集対象としているが、外務省や防衛庁には別の施設があり、出先機関の公文書収集まではいたっていない」

発足当初の国立公文書館は名ばかりの公文書館であり、実態としては明治初期の太政官に置かれた図書掛に始まり、一八八五年の内閣制度創始と同時に内閣文庫となった古文書、古典籍を中心とする専門図書館であった。名実ともに国立公文書館となったのは、参院議員の岩上が主導して議員立法として成立した公文書館法（一九八七年）、その後に成立した国立公文書館法（一九九九年）によってであり、二〇世紀の終わりになってようやく、国の各機関が所蔵している公文書などの保存と利用（閲覧・展示など）に関する責務を果たす施設として位置づけられた。

日本学術会議の勧告以前の一九四九年、歴史学者ら九六人が連名で衆議院議長、幣原《しではら》喜重郎に「史料館設置に関する請願および趣意書」を出している。戦後の社会的経済的変化により近世や明治期の庶民生活に関する基礎的史料が日々散逸、湮滅《いんめつ》しており、それらの資料を保存し、公開する施設として国立史料館を早急に設置してほしいというのがその趣旨であった。

文部省はこれに応えてその年、三井文庫の建物を購入して史料館を設置、国立史料館は一九五一年五月に正式発足した。設立当初、官公庁文書の保存の重要性を認識し、将来は公文書の保存機関としても機能させたいという考え方があったという。

しかしその後の一九七二年五月、国文学研究資料館が創設されると同時に史料館は国文学研究資料館の組織に組み入れられて現在に至っている。公文書を収集・整理し、公開する機関としての役割は果たせなかったが、公文書の調査研究を行う機関として機能している。毎年開催している長期・短期のアーカイブズ・カレッジ（史料管理学研修会）は、国立公文書館が主催する公文書研修とともに自治体などの文書管理担当者や大学院生の人気を集めている。

国立公文書館新館の建設

一方、国立公文書館は二〇〇一年四月、国の行政改革の一環として独立行政法人国立公文書館となった。総務事務次官経験者であった菊池光興《みつおき》氏（二〇一七年一〇月逝去）はこの年の元日、旧首相官邸で行われた新年祝賀式で森喜朗内閣の福田康夫内閣官房長官から「四月に独立行政法人になる国立公文書館の館長を引き受けてほしい」と耳打ちされた。

国立公文書館はすでに設置から三〇年を経ていたが、公文書の移管は公文書館長が各省次官との折衝を経なければできなかった。それが、四月以降は国の機関の看板を降ろし、独立行政法人になる。それでなくても軽く見られがちであった公文書館の地位を保つだけでなく、いかに高めていくか。この難題に取り組むには、総務次官を経験し、各省庁に太いパイプを持つ菊池氏のような人物がどうしても必要だったのである。

菊池氏が館長に就任して以来、公文書館の存在感は飛躍的に高まった。菊池氏は公文書の移管促進に取り組む一方で、日本アーカイブズ学会、記録管理学会などアーカイブズ（記録資料）に関係する学会などに呼びかけ、不定期開催の協議会を創設。八年余にわたる任期（二〇〇九年七月まで）の仕上げが公文書管理法の制定であった。

後任館長は慶応義塾大学元教授で福田官房長官（二〇〇三年当時）のもとで「歴史資料として重要な公文書等の適切な保存、利用等のための研究会」の座長を務めた高山正也氏が就任。その後は、富士電機製造の元会長で、「公文書管理の在り方等に関する有識者会議」委員でもあった加藤丈夫氏が就任し二〇一八年六月現在、二期目の館長を務める。民間出身者らしく従来にこだわらないスタイルを貫いており、幅広い人脈を駆使してこれまでの国立公文書館の枠を飛び越えるような運営に取り組む。

収蔵する文書量は約五〇万冊の内閣文庫を含めて約一五〇万冊に達した。書庫は二〇一九年度にも満杯になる見込みであり、新館建設を早急に具体化する必要に迫られている。

公文書管理推進議員懇話会

公文書館新館の構想が持ち上がったのは、福田政権下で稼働した旧公文書館推進議員懇談会メンバーからであった。旧公文書館推進議員懇談会は、福田康夫元首相が音頭取りになって二〇〇五年三月に発足した国会議員有志の組織で、衆参両院合わせて約二〇人が参加。〇七年一一月には公文書管理推進のための「四つの緊急提言」を行った。そのメンバーであった保利耕輔、河村建夫、細田博之、上川陽子の各氏に加えて、谷垣禎一、大口善徳、魚住裕一郎、佐藤勉、岡田広の計九人の与党議員（いずれも当時）により公文書管理推進議員懇話会が結成されることになった。

準備のため一三年五月二四日、公文書管理推進議員懇話会世話人会が国立公文書館で開かれた。世話人会には議員のほか以前から公文書問題にかかわりのあった有識者らで構成する公文書研究会が参加、さらに公文書館長に就任する予定の加藤丈夫氏や内閣府幹部も陪席した。この世話人会で谷垣氏が議員懇話会の会長に就任することが決まった。

これらの人々には、公文書管理法が施行されたにもかかわらず公文書管理の実がなかなかあがらないことに対する大いなる不満があった。公文書研究会による「公文書管理体制の抜本的強化に向けての提言（案）」では、「公文書が国と国民の歴史そのものであり、だからこそ各国では国民が統治制度、民主主義と人権、戦争と平和、外交、領土、災害、国民生活、地域や経済の発展などを記録した公文書に直接触れ、学ぶことができるように『公文書館』の体制を整備している。にもかかわらず日本では公文書を国民共有の知的資源として身近に利用できるような公文書館体制からは程遠い状況にある」と現状を認識。

そして「抜本的強化の方向性」として「利用者本位の総合的な公文書館体制」を確立し、「国政上の重要な記録を確実に作成し後世につたえる制度」を整備することを目指すとした。具体策では、最初に、国立公文書館の組織的位置づけを強化するため、国立公文書館を、内閣府公文書管理課、外務省外交史料館、宮内庁宮内公文書館と統合し、「公文書管理院」、「公文書管理庁」など内閣府に置かれる行政機関に位置づけるとともに、公文書管理担当大臣を法律上の必置《ひっち》大臣とし、調整権限を付与、さらに専門職員の人材育成機能・研究機能を強化。立法府文書等の移管の義務付けも含め、以上の措置を議員立法で行うことを検討するとした。

前記を踏まえて、国会・霞が関周辺に新たな公文書館を建設することを提起した。このため国会・霞が関の周辺に土地を確保し、憲法、サンフランシスコ平和条約など重要歴史公文書の展示・利用機能をもつ新たな施設を整備。景観にも配慮し、近代日本の歴史を感じさせる建築とし、東日本大震災など国政上の重要課題、廃止された行政機関等の文書について集中管理を行う中間書庫の機能も付与するとした。

ほかに、閣議議事録など国政上の重要な記録作成の制度化、歴史公文書のデジタル化を進めると同時に他機関とのネットワーク化を図り、新規に公開する文書の定期的なプレス発表などの施策を盛り込んだ。

議員連盟の発足

国会・霞が関周辺への新たな公文書館の建設はあくまで、公文書管理体制強化の一環として発案されたものであった。しかし、展示機能の充実した新しい公文書館の建設という、極めてわかりやすい課題に多くの関心が集まってしまい、国立公文書館の組織的位置づけの見直しなど地味で容易には理解しにくい課題への関心は薄れがちになった。公文書管理推進議員懇談会が「当面の進め方」として考えた二大テーマのうち、新館建設に議題が収斂《しゅうれん》していったのは理解できなくもない。

同年六月一九日夕刻、衆議院第二議員会館会議室で公文書管理推進議員懇話会、公文書研究会の合同幹部会が開かれた。谷垣会長に続いて立った福田元首相は、「懇話会は（公文書管理体制を強化するうえで）小石を投げたくらいの役割。大きい石を皆様にぜひ、投げていただきたい」とあいさつした。そして当面取り組むテーマとして、

①国会・霞が関周辺への新たな公文書館建設の推進

②公文書管理組織の強化のための議員立法の制定

③閣議議事録の作成・公開に係る法制定の推進——の三つを決定、なかでも新館建設は次年度予算に調査費を盛り込むため早々に準備を進める必要があるとの認識で一致した。

これに基づき、六月二一日平田参院議長、同二五日伊吹衆院議長に続いて二六日安倍首相、二七日菅官房長官らに「国会・霞が関周辺への新たな公文書館建設に関する要望書」が手渡された。二七日午前、記者会見した菅官房長官は「新たに建設するには課題があるが、必要性は十分認識している」として調査費計上に理解を示した。政府は二〇一四年

（平成二六年度）予算案で、調査費として四七〇〇万円を計上した。公文書研究会はその国会図書館や宮内公文書館など国立公文書館類似施設の視察を行ったほか、公文書館が集対象とすべき歴史資料の範囲、人材育成に公文書館が果たすべき機能などについても議論した。

翌一四年二月、公文書管理推進議員懇話会が国会議員に呼びかけて超党派の「世界に誇る国民本位の新たな国立公文書館の建設を実現する議員連盟」（谷垣禎一会長）が発足。五月には有識者による「国立公文書館の機能・施設の在り方等に関する調査検討会議」がスタートした。老川《おいかわ》祥一・読売新聞グループ本社最高顧問を座長として、井上由里子・一橋大学大学院教授、内田俊一・一般財団法人建設業振興基金理事長、加藤陽子・東大大学院教授、神門《かんど》典子・国立情報学研究所教授、斎藤勝利・第一生命保険代表取締役会長、永野和男・聖心女子大学教授、筆者（日本経済新聞社文化部記者）に、アドバイザーとして尾崎護・矢崎科学技術振興記念財団理事長（元大蔵次官）、菊池光興・国立公文書館フェロー（元館長）という構成であった。その後、秋山哲一《てつかず》・東洋大学大学院教授が新たに委員として加わった。

調査検討会議は、四年近くにわたって計二三回開催され、最終的に憲政記念館が立地する国会前庭に建設することが決まり、二〇一八年度から具体的に計画がスタートした。四年弱に及ぶ検討により、新たな国立公文書館は、公文書等を「国民共有の歴史的・文化的な資産」ととらえ、多様な分野、世代の人々が訪れ、その実物を見ることで国のかたちや国家の記憶を現在生きる人々に伝え、将来につないでいく「場」としての役割があるとした。次いで、歴史公文書等の保存・利用などを進めていくうえでの拠点施設となる必要があり、デジタル化の進展など時代の変化を見据えた施設・設備を整備する必要があるとした。

その基本機能としては、「収集・情報提供機能」「展示・学習機能」「保存・修復機能」「調査・研究支援機能」「デジタルアーカイブ機能」「人材育成機能」「情報交流機能」の七つを掲げた。さらに具体的な検討を進めるため「展示・学習」「保存・利用支援」に関する二つのワーキンググループをつくり専門家による検討を行った。

ただ、デジタル化への対応などソフト面の課題は、公文書管理に加えてIT技術の専門知識を有する人材が絶対的に少ないうえ将来の方向を見通すこと自体が難しく、設置場所の選定、施設の規模・装備などハードウエア的なものの検討が中心にならざるを得ない面はあった。

ハードウエアといっても、注目されていたのは建物そのものより、立地場所である。会議事堂、最高裁判所、首相官邸のいずれからも至近距離にあり、三権が集中する。こ場所に、地上三階・地下四階程度の建物を建設する。憲政記念館を含む総建物面積は約四万二〇〇〇平方メートルで、公文書館部分は約三万平方メートル。建設費用の総額は約四八〇億円を見込み、完成までに八年半を要する。完成時期は二〇二六年である。

デジタル文書の保存法

調査検討会議の委員を務めて思ったのは、建設場所や建物・設備などのほか、新しい時代に適合した公文書管理の仕組み、それに対応する公文書館の在り方についてもっと議論すべきではなかったかということである。公文書管理の在り方そのものを審議する場としては公文書管理委員会がある。しかし、公文書管理は今、大きな変化の時代に入った。諸外国に比べて大きく後れていた日本でも二〇一一年の公文書管理法施行によってとにもかくにも、スタートラインに立ったわけだが、日本の先を行く諸外国の公文書管理はすでに大きな変化を始めているのである。最大の変化とは、デジタル化であろう。

日本でも公文書の作成はほぼすべてデジタルで行われている。だが、保管となるといまもまだ九五％以上が紙による保存である。せっかくデジタルで作った文書を紙に出力して、紙で保存しているのが現実である。デジタル文書は現在のところ、低コストで長期に保存する手段が確立していない。このため、紙に出力して保存することに合理性がないわけではないが、せっかくデジタルで作成したものを紙に出力してしまうと、管理する手法も紙の時代とそう変わらないことになる。デジタル文書の管理は、やはりデジタルで行う方が効率的ではないか。ただちにとはいかなくても、できるだけ早くデジタルによる管理を主体とするように切り替えていく必要がある。

というのも、現代は変化の速度が以前とは比較できないほどに速くなり、昔のように「とりあえず文書をつくってためておき、後から整理・保管すれば事足れり」、という時代ではなくなったからである。作成した時点から管理を始めないと、管理しきれなくなる。デジタルの文書は、パソコンやソフトがなければ、中身を見ることさえできない。だから紙に出力して保管しているのだろうが、紙での保管は場所をとるし、情報量の増大に対応し切れなくなるおそれがある。

公文書館の施設・機能の在り方も当然ながら、紙の時代とは違ってくる。公益財団法人日本文書情報マネジメント協会（JIIMA）が二〇一六年、日本企業七〇〇社（従業員数一〇〇〇～五〇〇〇人）を対象に行った調査によると、回答した一九〇社のうち三〇社に聞き取り調査をした結果、業務情報は一〇〇%デジタルで作成しているものの、同様に紙の保存が多く、八五%に達した。

その理由として挙げたのは、法定文書は紙での提出が義務付けられているためであった。

問題点として、作成した電子データを個別組織で保管共有していても、運用のルール化がなされていないため、データが死蔵されるおそれがあるとの指摘があった。日本の場合、個人・部門ごとのやり方で文書を作成することが多く、欧米諸国で求められるような証拠となるような文書はあまり作られていない。法律的な問題に加えて、紙による文書保管では意思伝達に時間がかかるうえ、属人的情報移転、情報漏洩・遺失・誤謬《ごびゅう》に対応できないと答えている。その大きな要因は「情報ライフサイクル」意識の欠如であるとした。情報は時間が経過するのに従って価値が変わる。

今後、問題となりそうなのは電子メールである。アメリカではNARAが詳細な基準を定めており、基準を決定した後も、何度も改訂して最新の状況に適合するように努めている。二〇一三年八月に公表した指針は「キャップストーン（頂点）・アプローチ」という名称のついた指針で、従来のような内容によって連邦記録として保存するか否かを決めるのではなく、組織の頂点にある幹部職員（キャップストーン・オフィシャルズ）のアカウントの電子メールを自動的に捕捉するという手法。二〇一五年四月の案では、移管対象の幹部職員のメールは原則として一五年後に連邦機関からNARAに移管して永久保存することになっていた。

日本では電子メールに関する規定にはっきりしたルールがなかった。しかし、大臣をはじめとして業務に関する連絡などにメールはよく使われている。一八年五月一日付毎日新聞によると、政策決定を担う大臣、副大臣、政務官（政務三役）が、私用メールやLINEなどの通信アプリを業務に使っている実態が七人の政務三役経験者の証言で明らかになった。「官邸幹部は忙しくて電話がつながらないから、大事な情報はメールで伝えていた」という。公的メールもあるが、「役所のサーバーに（情報が）残るため、官僚に盗み見られかねない」と話した。情報管理の観点から早急に対策に取り組むべきであり、これら以外にも取り組むべき新たな課題は少なくない。

どこまでが公文書館の範囲か

一方、そうした問題とは別に、どこまでを公文書館の範囲とするかという問題もきわめて重要である。日本の国立公文書館は諸外国の公文書館に比べて歴史が浅く、公文書に対する社会の認知の低さ、文化の違いにも起因して収集対象が狭い。

これに対し、英国国立公文書館では公的な文書として実に多種多様な文書を所蔵、利用に供している。

最近、刊行された小林恭子著『英国公文書の世界史――一次資料の宝石箱』によると、英国国立公文書館には一九〇〇年から約二年にわたりロンドンで暮らした夏目漱石の「足跡」がわかる資料がある。漱石は一九〇二年一二月に帰国するまでに五回下宿を替えているそうだが、三番目の下宿に漱石がいたことを示す公的記録（国勢調査原本）があり、漱石研究者として知られる恒松郁生《つねまついくお》が発見したという。一九〇一年の国勢調査で、ロンドン南部カンバーウェルにあった下宿には家主、ハロルド・ブレット（当時二五歳）とその妻セーラがおり、妹キャサリンの名前が記されている。「K.Natsume」（夏目金之助）はその次、住民を記した記録の上から四行目に記されており、関係は「Boarder」（下宿人）で、三四歳だったことがわかる。

ほかにも、ビートルズが一九六六年夏に来日した時の記録もある。当時の駐日英国大使館の代理公使であったダドリー・ジョン・チェクが記した長文の報告書（一九六六年七月一六日付）だ。

その一節を紹介すると、「ビートルズの訪日は成功裏に終わることになったのではありますが、それでもいくつか厄介な問題も持ち上がりました。その一つは政治的な様相さえも見せました。契約上、ビートルズは日本武道館で五回コンサートをすることになっていました。武道館は東京で一万人の観客を収容できる唯一の屋内会場だったからです。『武道の殿堂』とされる武道館は東京五輪のために二年前に建設されたもので、柔道や剣道など、高い評判を持つ伝統的な武道が行われる場所として神聖化されています。それほど高尚ではない目的で使われたこともありますが、エレクトリックギターを使ったコンサートほど日本の武道の精神とかけ離れたものはなかったと思います。この点についての小さな苦情程度の話は、間もなくして、武道館の『神聖さが汚される』と主張した国粋主義者が力づくででも武道館を守ると言い出したことで、一般市民の間にも反対の声が広がるようになりました」などとある。

結局、最終的には「武道館の理事会会長からの書簡を読売（新聞）が掲載しました。与党で、指導的位置に就く人物です。その内容ですが、ビートルズの社会的地位については疑う余地がないこと、その証拠にエリザベス女王から受勲されていると書かれていました。ビートルズが武道館を使用することを否定する理由はないのだ、と。非常に良く目的に適った一撃で、反対者の中の急進派以外の全員を黙らせることができました」としている。

ほかに、「ビートルズマニアの専門家になってしまったかのような警察によれば、ビートルズのブームはまだ続くとのことです。公演が短すぎたことやアイドルに近づくことができなかったために、非常に多くのファンが失望しており、深遠な『満たされない思い』を抱いているようです。ですので、訪日はブームのピークではなく、これからも大きくなっていくブームの一つの段階であるというのです」などの記述もある。

当時の日本で、ビートルズがどのように受け止められていたのかがよくわかる。代理公使という公務員が本国の外務連邦省あてに書いた報告、つまり公文書でも、読んでみたくなるような公文書とは言えるのではないだろうか。

多様な記録を残す英国

歴史研究者として英国のアーカイブズを利用し、見つめてきた奈良岡聰智《ならおかそうち》京都大学教授（日本政治外交史）は、英国では内閣文書や各省文書を扱う国立公文書館にとどまらず、議会、王室、政党、新聞社などがそれぞれの文書館を所蔵し、記録を公開していると語る。

二〇一八年六月、国立公文書館が主催する「『国際アーカイブズの日』記念講演会」で講演した奈良岡氏によれば、英国国立公文書館は「世界で最も進んだ文書館」であり、閲覧カードを作成さえすれば、予約なしでも公文書の閲覧が可能という。家族史調査用の書籍、ホームページなども充実し、一階にあるカフェは世界中の研究者が集う、サロン的な場になっている。資料をいかに提供するかという点にとどまらず、利用者が使いやすい公文書館を目指す姿勢を明確にしていると言える。

英国のそうした姿勢の基盤となっているのは、一九五八年成立の公記録法を改正し二〇〇〇年に成立した情報自由法であり、まさに公文書は国民、さらには人類の共有財産であるとする考え方であろう。公文書館とは別に議会文書館が存在するのは、行政と立法は牽制し合う間柄であるとの考えを反映したものと言えそうだ。日本と大きく異なるのは、議会文書の公開が進んでいるだけでなく政党も保守党、労働党、自由党がそれぞれ文書館を持ち、王室にも文書館があって情報公開に前向きに取り組んでいることだと奈良岡氏は言う。政党や王室は情報自由法の対象にはなっていないそうだが、公文書館などに準ずる形で文書館を設置し、情報を公開している。タイムズ、ガーディアンなど有力新聞社やロイター通信などメディアを含めて、権力を有する組織は記録を保管し、情報公開するとの考えが根付いているのだろう。

また、機関としての文書にとどまらず、個人文書、私文書も収集の対象としてとらえているのも英国アーカイブズの特色と言えそうである。

日本でも収集対象に広がり

日本ではほとんどこのような話は聞かない。公文書を厳密に考える傾向が強いためであろうが、それでも少しずつ、風向きに変化が現れてきた。

二〇一七年一〇月、オーストラリア国立公文書館から約三三〇〇箱もの文書が日本の国立公文書館に届いた。中身は、横浜正金銀行、三菱商事、三井物産などアジア・太平洋戦争以前にオーストラリアに進出していた日本企業の資料である。一八九九年から一九四一年まで約四〇年に及ぶ資料群で、日英開戦で敵国資産となったためオーストラリア政府が接収、様々な機関に散在していた資料を一九五七年に国立公文書館に移管し、その後ずっと公文書館が保管してきた。二〇一五年七月、同公文書館のデービッド・フリッカー館長から日本の加藤国立公文書館長あてに書簡が届き、「戦後七〇年を期して、日豪両国の変わることのない友好の証として寄贈したい」と記されていた。

日豪間の貿易は、羊毛貿易を中心として二〇世紀初頭から第一次世界大戦期にかけて大きく伸張した。その契機となったのは一八八九年の兼松商店の進出であり、刺激を受けて三井物産、三菱商事などがオーストラリアに支店を開設した。第一次世界大戦期には横浜正金銀行が支店を設置、日本とオーストラリアを結ぶ海運定期航路も開設され、中小規模の商社の進出も相次いだ。一九三〇年代までに両国の貿易は大きく進展し、互いが主要な貿易相手国となった。日本の羊毛買付額は英国のそれに匹敵するほどであった。

しかし日中戦争を契機として関係は悪化、一九四一年一二月の日英開戦によって日本企業の資料は接収された。開戦という非常事態のため、帳簿類や財務文書などは言うに及ばず、日本人会など日系人団体の記録、個人のノートや手帳など現用の資料や、長期保存されにくいバラエティに富んだ資料が含まれ、学習院大学の安藤正人教授（当時）を中心とする日本のアーキビスト、歴史研究者によるチームとオーストラリアのチームが共同で二〇〇三年以降、断続的に資料の整理などを進めてきた。主な資料は、金銭出納帳をはじめとする各種帳簿、営業報告書などの決算関係書類、往来書簡や電報控え、伝票類、貿易関係書類、商品見本、価格表などの業務参考資料など多岐にわたっており、九五％は英語表記という。横浜正金銀行、三菱商事、荒木商店、三井物産、野澤組など一二社に分類・整理されている。

二〇一八年七月には河野外務大臣も参加し日本で受け容れの式典が行われ、秋にも資料は公開となる見込みだ。アジア太平洋地域、特に日豪間の第二次世界大戦以前の貿易実態はあまり解明されていなかったが、今回寄贈された資料の分析研究が進めば、空白は少なからず解消すると期待される。

知られざる戦前の海外地図、外邦図

従来の枠を超えて、取扱いの対象を広げていこうとする取り組みはほかにもある。「外《がい》邦図《ほうず》」と呼ばれる一群の地図である。東北大学、お茶の水女子大学、京都大学、広島大学、駒澤大学など国内数十に及ぶ大学のほか国会図書館、岐阜県図書館などが所蔵し、近年の調査で米国にも多くの外邦図が保管されていることがわかった。

外邦図とは明治初期から太平洋戦争終結の一九四五年八月まで作製されたアジア太平洋

地域の地図であり、主として陸軍参謀本部・陸地測量部が作製した。縮尺は二万五〇〇〇分の一程度から五〇万分の一程度が最も多い。北はアラスカ、東は米国本土の一部、南はオーストラリア、西はパキスタン・アフガニスタンの一部という具合に実に広範かつ多種多様な地図である。全体で一万数千図幅（種類）以上になると見込まれるが、所蔵機関同士で重複している地図も少なくない。それらをデジタル化した地図が、一部だが、二〇一八年五月から国立公文書館で閲覧できるようになった。

筆者が外邦図の存在を知ったのは、今から一七、八年前。地図に造詣の深い知人から、大阪大学人文地理学教室の小林茂教授が外邦図に関する研究会を主宰していると教えられたことによる。外邦図という名前を聞いたこともなく、いったいどんな地図なのかと思ったが、研究会を取材して、実に数奇な運命を背負った地図群であることがわかった。

近代日本が戦争遂行や植民地経営を目的としてつくったアジア太平洋地域の地図であり、同様の地図は日本以外の国も手掛けている。イギリス、オランダなどアジアで植民地支配を行った国々や山東半島を租借したドイツ、中国東北部の権益を得たソ連（ロシア）なども作製した地図である。

全体像が十分に解明されたとは言いがたいが、「初期の外邦図作製は日本軍の台湾遠征（一八七四年）を契機にさかんになり、欧米製の台湾図の翻訳に続いて、アロー戦争時に西欧諸国が作製した中国大陸北部の地図・海図の翻訳が継続された」(小林茂編『近代日本の海外地理情報収集と初期外邦図』)という。

一八八〇年代には中国大陸、朝鮮半島で日本陸軍将校が測量を兼ねた偵察旅行を行った。地図作製は情報活動の一環として行われていたのである。

当時の東アジアでは、欧米諸国による海岸測量が進められていたものの、内陸部については近代的な測量はほとんど行われていなかったという。東アジアでの軍事行動を予定していた日本が手本にしたのが欧米諸国の作製した地図、偵察などの軍事行動マニュアルであり、それらを基に短期間のうちに成果を得たため、西欧諸国の地図作製を刺激するまでになった。

外邦図の把握が容易でない背景の一つには、「第二次世界大戦の終了後、外邦図に責任を持つ管轄官庁が日本の政府機関になくなってしまったことがある。外邦図の図示する地域の多くでは独立国家が誕生し、その主権に対する配慮からか、日本軍の解体以後、外邦図は日本のどの役所からも業務外に置かれてしまった」(小林茂『外邦図――帝国日本のアジア地図』)。

二〇〇〇年代初め以降、所在調査などが活発に行われ、二〇〇八年には小林氏らの調査で、アメリカ議会図書館が、一八八〇年代の日本軍将校による中国大陸、朝鮮半島の手描き原図など約五〇〇点を所蔵していることが明らかになった。外邦図作製の初期のものと考えられ、その中には、中国吉林省集安郊外にある高句麗王、広開土王の碑文を日本に持ち帰った人物として知られる将校、酒匂景信《さこうかげのぶ》の手描きによる地図が数十点あることを確認した。

かつて碑文に記された「倭」をめぐって、様々な観測がなされ日韓間の論争も起きたが、手描き地図は酒匂が中国北部、旧満州東部を偵察したことを具体的に示す資料である。広開土王碑の所在地周辺を描いた図もあり、広開土王碑研究にとっても新たな資料となりそうだという。

外邦図は、情報収集活動の一環として作製された地図であるため、作製の詳しい状況などがわかる資料はきわめて少ない。参謀本部の歴史をたどることによって、おぼろげながらその様相がわかる程度である。手がかりとなる情報も多くはない。侵略や植民地支配に伴う「負」の遺産でもある。このため、敗戦によって焼却処分される運命にあった。しかし、その価値を惜しんだ一人の陸軍参謀がいた。連合軍の日本本土上陸に備えて陸軍が地理学者を動員してつくった兵要地理調査研究会を通じて親しくなった研究者に協力してひそかに大量の地図を持ち出し、いくつかのルートを通じて東北大などに運び込んだ。それらが現在、数十の大学や国会図書館が所蔵する外邦図である。

負の遺産ではあるが、広くアジア太平洋地域を対象とした一九世紀末以降の地理情報は現代においても有用である。なぜなら、新興国ではいまでも地図がつくられていないところがある。情報統制によって地図作製や販売が難しい国もある。仮に、地図がつくられているとしても、半世紀以上にわたる地理的変遷がわかれば、環境対策を研究するうえで大きな力となる。事実、東南アジア諸国ではそのような利用もされている。

今後の劣化に備えてデジタル化を構想、東北大学、大阪大学などは外邦図デジタルアーカイブ作成委員会をつくって外邦図のデジタル化を進めてきた。しかしながら、大学が連携して長期的に保持していくのは容易ではなく、研究者たちはかねて政府に対応を求めてきた。公文書館がパイロット事業として取り上げることが決まり、デジタルデータの保管・公開を始めた。小林氏によると、公開開始の直後から米国の大学図書館などで話題となり、海外での関心の強さがうかがえたという。

第III部　歴史資料をいかに保存するか

1　満蒙開拓団の記録

満蒙開拓平和記念館

日本人はよく、歴史好きだと言われる。四方を海に囲まれ、独特の文化を育んできた長い歴史を持つ国であることが、そうさせたのかもしれない。しかし、改めて日本人は本当に歴史が好きかと問われると、いささか戸惑いを感じる。自分を含めて、自らの足元の歴史にはさほど関心がなく、興味を覚えるのはNHK大河ドラマがしばしば取り上げる幕末維新や、戦国武将の話くらいのものかもしれない。身の周りの歴史を知らないのだから、海の向こうで起きた都合のよくない歴史を知ろうとする人は滅多にいない。

自分自身の歴史観がいかに貧弱なものであったか、気づかされたことがある。長野県飯田市に隣接する阿智《あち》村を訪ねたときである。

ここには、満蒙開拓平和記念館という建坪わずか一三二坪（四四〇平方メートル弱）の、文化施設としてはかなり小ぶりな資料館がある。開館したのは二〇一三年四月。戦前の日本が、国策として旧満州（現中国東北部）に開拓農民を送り込み、敗戦で多くの犠牲者を出した「満蒙開拓」に関する歴史資料を記録として保存し、展示・研究して、その史実を後世に伝えていくことを使命としている民間の施設である。満蒙開拓に関する全国唯一の資料館だった。その後、一六年四月、岐阜県郡上《ぐじょう》市に同様の施設（たかす開拓記念館）が誕生している。

日本は一九〇五年、日露戦争に勝利した。「今の遼東半島の先端部分で鳥取県ほどのわずかな地域であるが、軍港旅順と商港大連を抱える満洲の入り口として重要な拠点であった関東州の租借権を獲得し、南満州鉄道株式会社（満鉄）の鉄道路線を軸に南満洲を影響下に置いた日本は、その支配を実効あるものとするために日本人移民を必要とした」（加藤聖文『満蒙開拓団』）。

関東軍が起こした満州事変によって、「五族協和」を掲げる満州国が一九三二年に誕生した。五族とは漢族、朝鮮族、満州族、蒙古族、そして倭族（日本）を意味する言葉である。しかし、独立国家とは名ばかりで、実質は日本が支配する傀儡《かいらい》国家であった。ただ日本人は五族のなかで圧倒的に少なく、関東軍は実効支配のため、日本全国から満州へ開拓民を送り込んだ。満州の治安の安定という軍事的要請と農村救済が合体した試験移民としてスタートしたが、最終的に移民の総数は二七万人に達したという。なかでも最も多かったのが長野県である。

記念館によると、全体の一割を超える三万三〇〇〇人が開拓民として旧満州に渡った。長野県のなかでも最も多かったのが記念館のある飯田・下伊那地方（飯伊地区）で、県全体の四分の一を占める約八四〇〇人を数えた。

夢を描いて満州へ

一九二〇年代後半の世界大恐慌で、全国各地の農村は極度の疲弊状態にあった。農家の次男坊、三男坊の食い扶持を確保するとともに、満州の治安安定やソ連という北の脅威に対する備えを兼ねて、日本政府は国策として開拓民を送り込んだ。いわば、「人の盾」である。「満州に行けば、二〇町歩（約二〇ヘクタール）の農地を持つのも夢ではない」などという誘い文句に乗せられ、人々は夢を描いて海を渡った。

満蒙開拓平和記念館の館長を務める寺沢秀文さんの父親も、その一人だった。下伊那郡高森町の農家に八人兄弟の三男坊として生まれ、分けてもらえる農地もないなかで次兄とともに満州に渡った。

祖父は村議会の副議長を務める比較的裕福な農家であったが、当時、農村部の主力産業の養蚕業は生糸価格の暴落、冷害、霜害などで苦境にあり、寺沢家も困窮をきわめていたという。満州行きを決意したのは、松島自由開拓団の生みの親、松島親造氏の講演を聞いたためである。貧しい農村は全国どこにでもあったが、長野県が最も多くの開拓民を送り出し、また、長野県のなかでも飯伊地区が最も多かったのは、地域の指導者に満蒙開拓推進論者が数多くいたことが挙げられるという。その代表的な存在の一人が松島氏であった。旧下伊那郡市田村（現高森町下市田）出身で満洲国吉林省総領事館の朝鮮課長であった松島氏は日本に帰国するたびに講演会を開き、満蒙開拓の有意性を説いた。その松島氏に心酔していたのが寺沢さんの父親で、開拓団員募集に自ら進んで手を挙げた。下伊那農学校（現下伊那農業高校）の校長宅で面接試験を受け、一九四一年四月、吉林省舒蘭市の水曲柳開拓地に入植した。

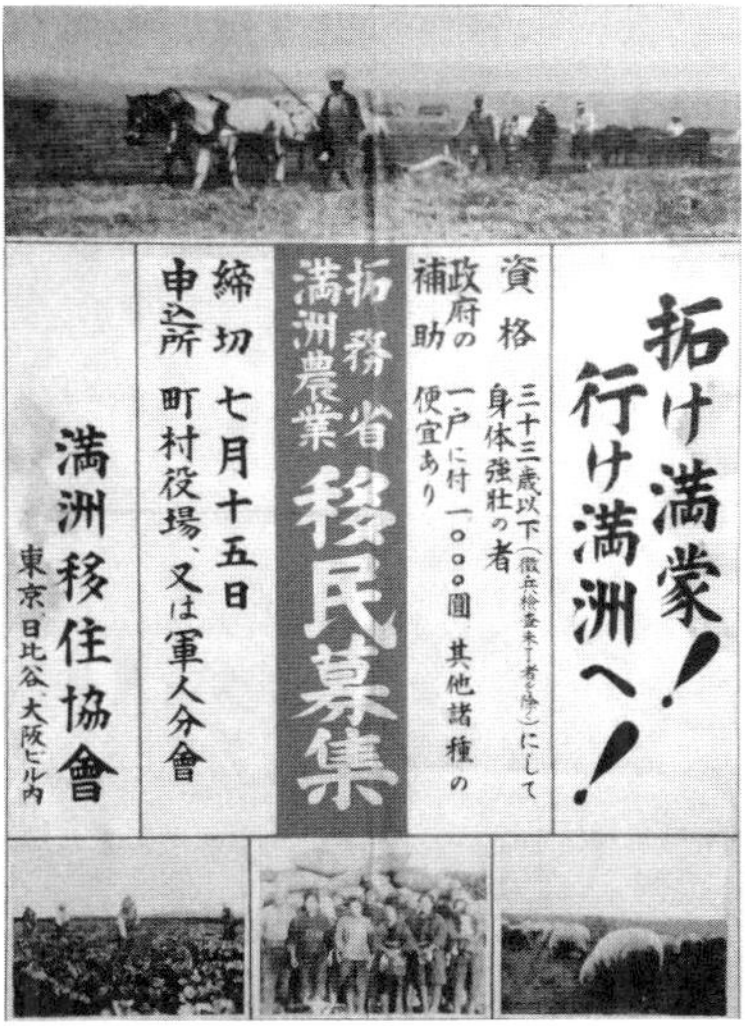

満洲移住協会による「移民募集」のポスター

司令塔を失い、迷走した移民政策

前述した加藤聖文『満蒙開拓団』によると、「もともと満洲移民政策は、拓務省の省益拡大という思惑と加藤完治ら農村問題解決に熱心な者たちの近視眼的な動機から開始され、やがて関東軍・陸軍の対ソ軍事戦略と中長期的な総力戦構想に取り込まれて本格化していった。そして、それを主導してきたのは永田（鉄山）であった。しかし、永田という戦略の司令塔を失った陸軍も中長期的視野を欠くようになり、移民政策の迷走が始まる」。

陸軍軍務局長で統制派のリーダーであった永田鉄山は、第一次世界大戦後の軍事潮流となっていた総力戦体制構築を推進、満州事変拡大を側面支援していたとされる。しかし、陸軍皇道派との対立のなかで一九三五年八月、皇道派若手将校に強く共感する相沢三郎中佐に白昼、陸軍省で斬殺された。

永田が殺害された一九三五年はまさしく、関東軍が満州移民政策の主導権を握る転換点となった年である。急速に浮上したのが、一〇〇万戸移住計画であった。一〇〇万戸移住計画は、「これまでの経調（満鉄経済調査会）が満洲国内の経済開発中心の視点から立案してきた移民政策とは異なり、満洲移住協会を中核とした日本国内の移民推進グループの政治的動機が絡み合うなかで、対ソ軍事的要請を優先とする関東軍参謀部第三課によって策定され、省益拡大のチャンスと捉えた国内行政官庁が積極的に呼応していったことで国策となった」（加藤前掲書）とされる。そして永田殺害の半年後、二・二六事件が起きる。この時、反乱軍に殺害された蔵相、高橋是清はとりわけ強硬な満州移民否定論者であり、高橋の死は満州移民政策に大きな影響を及ぼした。

一〇〇万戸の移住計画

一〇〇万戸計画は、二〇年で一〇〇万戸、約五〇〇万人の日本人の入植を図るという内容で、農民に限らず漁業、山林業に従事する者、都市失業者も移民の対象としていた。その用地は満州国政府が整備し、現地民との関係を考慮し国有地・公有地・不明地主の土地など未利用用地を優先的に充当するなどとなっていた。しかし、一〇〇万戸の入植に必要とされた一〇〇〇万町歩（約一〇〇〇万ヘクタール）の用地確保は容易なことではなく、「計画では未墾地を対象としていたものの、現実はそれでは追いつかず、現地民の既墾地にまで手を広げなければとても一〇〇〇万町歩も確保することは不可能であった」（加藤前掲書）。計画は一九三七年七月から実施された。現地に行ってみると、聞いていた話とは違っていた。「開拓団の多くは現地の中国人の農地や家を半強制的に買い上げ等し、これを追い出し、『行ってみたら、そこには家も畑ももうあった』という入植形態がかなりを占め」（寺沢秀文『語り継ぐ「満蒙開拓」の史実』信濃史学会「信濃」第六五巻第三号）ていた。「中国人たちから買い上げたという農地を満洲拓殖会社から分け与えられ、住む家も元々は中国人の家であった。父は応募前、先遣隊の人たちの帰国時の話し等から『家も畑ももうある』と聞いており、それは『先遣隊や日本軍が切り開いたもの』と思っていたそうで、現地に行ってみて、それが中国人の人々から半ば強引に買い上げたものと聞いて、内心『これはまずいな』と思ったそうである」（同）。

そして戦争も末期を迎えて、開拓民が予期していなかった事態が起きる。「根こそぎ召集」である。在満州日本人のうち、一七歳から四五歳までの男性を対象として緊急動員が行われた。「開拓団からは徴兵されない」と聞いていた話は事実でもなんでもなく、寺沢さんの父親にも終戦の二週間前に召集令状が来た。二日後に新京（現長春）で入隊。終戦とともにソ連軍の捕虜となり、三年間のシベリア抑留生活を送ることとなった。

実は終戦を迎える一年近く前の一九四四年九月、大本営は関東軍に対し、長期持久戦への転換を求めていた。ソ連軍と関東軍の戦力差は比較できないほどに広がっていた。満州国全土を守るだけの兵力がなかった関東軍はこれに呼応し、一九四五年一月半ばまでに満州東南部と朝鮮北部を確保するための持久戦計画を策定した。軍は朝鮮半島寄りの南方に「転進」、つまり退却し、開拓団が住む満州北方の地域は軍のいない、無防備状態となった。この時点で、「対ソ戦が勃発した際、開拓団が点在する国境周辺は放棄されることが決まっていたといえる」（加藤前掲書）。

二月下旬、関東軍は「関東軍在満居留民処理計画」を策定し、国境周辺の老人、婦人、子供の退避と青壮年男子の召集を立案した。移民の動揺を招かないようにするとともにソ連軍の攻撃を誘発しないようにするため、開拓団にも知らせず、逆にソ連軍の追撃を防ぐため退却する途中で鉄橋などを破壊していた。開拓団は、本来、自分たちを守ってくれるはずの自国軍によって逃げ道さえ封じられたのである。にもかかわらず、ソ連との国境に近い場所に、終戦のわずか二週間前に入植した開拓団もあったほどである。

その後の開拓団の悲惨な逃避行、その過程で起きた集団自決などの悲劇は筆舌に尽くしがたい。『満蒙開拓団』の冒頭には、こんな文章が出ている。「私の妻は子ども五名を手にかけて殺して居ります。熊本の母親たちは誰でも同じです。生きて帰った彼女等はどんなにか自らを責め苦しみながら生きてきたことか」。この母親は、自らの命を絶とうとしたものの同じく自分の子どもを殺《あや》めた隣人に家の外に引き出され、我を忘れて夢中で逃げた。「妻が息を引きとった時私は言いました。『お前もやっとらくになったネ、早く子どもたちのところに行ってやってくれ。』」

安住の地ではなかった故郷

命からがら引き揚げてきた日本だが、そこでも苦難が待っていた。もともと分けてもらえる土地がなくて満州に渡った人たちである。懐かしい故郷に戻ったところでそこは安住の地ではなかった。生きる場所を求めて都会や県外に出る一方、山奥深くに開墾に入った人も少なくなかった。国は戦後、引き揚げ軍人約三五〇万、在留邦人約三二〇万の帰国者のために緊急開拓事業を実施、長野県内でも二〇〇余の開拓組合ができて新規開拓が行われた。

しかし食糧確保を目的として敗戦直後に計画された政策を基にしていたうえ、市町村を通さず国が直接手がけたことから基本情報に欠け、現場に混乱を引き起こしたために離農率は高く、平坦な土地が少ない飯伊地区では定住をあきらめ、県外に出ていった人も少なくなかった。

やっとの思いで日本に引き揚げた寺沢さん一家は、父親がシベリアに抑留されていることを伝え聞いて知り、下伊那郡松川町の増野開拓地に入植、開墾の鍬《くわ》を振るって帰国を待った。寺沢さんは、帰還した後に父親が語った話をずっと忘れなかった。

「ここに再入植し、今度こそ本当の開墾の苦労をする中で、改めて、自分たちの大切な畑や家を日本人に奪われた現地の中国人たちの悲しみ、悔しさがよくわかった。あの戦争は日本の間違いであった。中国の人たちには本当に申し訳ないことをした」

この言葉が記念館建設、そして中国からの帰還者支援のボランティア活動に取り組む原点になっていると、寺沢さんは語る。

満蒙開拓に関してこれまで、後世に語り継ごうとする活動が全くなかったわけではない。黒竜江省ハルビン市郊外の方正県にある旧満州唯一の日本人公墓「方正日本人公墓」への墓参をはじめ、教育界訪中団の派遣、日中友好協会など民間団体による帰国者支援などの活動が続けられている。しかし、多くの犠牲を払いながら、歴史の波間にほとんど埋もれようとしている満蒙開拓を、歴史の一コマとしてどうしても後世に伝えていかなければならない。不動産鑑定士としての仕事に励む傍ら、「信州青年の船」の団長として中国を訪問した経験、日中友好協会下伊那支部（現飯田日中友好協会）での活動などを通じて、思いを強くした寺沢さんは平和記念館建設を構想する。一九九〇年代初めのことであった。

当時、日中友好協会下伊那支部の事務局長は、中国残留孤児の帰国実現に尽力し、「残留孤児の父」として知られる阿智村長岳寺の山本慈昭《じしょう》住職が務めていた。支部長は元阿智村村長で開拓団員として渡満の経験もあった小笠原正賢氏。満蒙開拓の実情をよく知る諸先輩方の力添えを得て二〇〇三年、元開拓団員約六〇人の語り部から成る「満州開拓語り部の会」を発足、学校などに派遣する活動を始めた。語り部の活動を続けるうち、満蒙開拓、その舞台となった旧満州などに関係する資料を収集、保存し、満蒙開拓の史実を語り継ぐための拠点となるような資料館がやはり必要だと強く感じるようになった。

一九九〇年代後半には官民共同で飯田市内に「平和祈念館」（仮称）を建設する構想が持ち上がった。そのなかで満蒙開拓にも言及してくれるかもしれない。淡い期待があったが、構想はなかなか進展せず、自分たちの手で実現しなければ陽の目を見ることはない。飯伊地区は最も多くの開拓民を出した地域である。「負の遺産」を象徴する施設であったとしても、この地以外に立てる場所などない。何としても建設にこぎ着けたい。

そしてついに、その思いがかなう日がやってきた。〇六年七月、飯田日中友好協会の定期大会で「満蒙開拓記念館」（当時の仮称）に対する取り組みが採択されたのである。建設計画は具体化に向けてスタートを切った。とはいえ、一民間団体だけで実現できるような事業ではない。地域で平和運動を展開している団体、行政、教育関係者にも協力を要請した。行政は当初、オブザーバーとしての参加であったため財政的な支援は得られなかったが、建設準備会が発足し具体化に動き出した。

建設資金確保に奔走

月一回開く幹事会で常に議論の的になったのは、いかに建設資金を確保するかという問題だった。このため二〇〇七年には全国に一八〇〇近くあるすべての市町村に向けて寄付を募る呼びかけを始めた。その一方、寺沢さんは舞鶴引揚記念館（京都府）、知覧特攻平和会館（鹿児島県）、花岡平和記念館（秋田県）など全国の著名記念館を二〇館以上見て歩いた。

やがて日中友好協会の全国組織である社団法人日本中国友好協会をはじめとして少しずつ寄付が集まり始めた。しかし、〇八年秋、リーマンショックが日本を襲う。当初四億円を見込んだ事業計画は見直さざるを得なかった。四億円が二億五〇〇〇万円、さらに一億四〇〇〇万円と縮小し、建物面積も当初の二〇〇坪から一三二坪へ三割以上も小さくなった。

建設用地の確保も難航した。当初は、飯伊地区の中核都市であり、合併後の市町村でみると最も多くの開拓団員を送出した飯田市内での用地選定を試みた。しかし、資金的な問題をはじめとして解決できないことが多く、暗礁《あんしょう》に乗り上げそうになった。その時、隣接する阿智村の関係者から「ならば阿智村でやってみるか」と声がかかったという。寺沢さんの高校時代の先輩でもあった岡庭一雄元阿智村村長だった。

山本慈昭住職の長岳寺にも近い村有地。四四〇坪もあり、しかも無償貸与という。〇九年四月に契約を交わし、建設に向けてギヤを一段アップした。建設資金の問題は依然としてあったが、翌一〇年八月に準備会が阿智村で開いた「満蒙開拓歴史展」が記念館建設にはずみをつけた。沖縄、新潟など全国から見学者が訪れ、長野県知事に就任予定の阿部守一氏は展覧会を視察して満蒙開拓を語り継ぐことの意義を重く受け止め、就任後の支援を約束したのである。国からの支援は建設資材の木材を提供されたことにとどまったが、県の財政的支援を契機として地元市町村も財政的支援に乗り出したことで建設計画は動き出し、二〇一二年九月に着工式を迎えることができた。

建設の総費用は一億二〇〇〇万円。うち展示に要した費用は約二〇〇〇万円、諸経費五〇〇万円。開館後の運営基金として二〇〇〇万円を用意した。一人五〇〇円の入場料。しかも決して交通の便の良くない場所で運営する記念館である。運営は楽ではない。しかし、準備会を始めたときから参加している建築家の新井優氏が設計した瀟洒《しょうしゃ》な建物は魅力にあふれ、満蒙開拓という暗い過去を背負った記念館に明るさをもたらしている。

全体として小ぶりではあるが、セミナールームや資料研究室、収蔵庫のほか喫茶コーナーなどもあり、ゆったりと展示を見られる工夫がなされている。

それにも増して評価されるのは、その活動ぶりである。記念館を建設する以前から続けてきた語り部の活動だけでなく、準備会は来館者に満蒙開拓の歴史を説明するボランティアガイド養成のため「ピースラボ」と称した学習会を開館の一年前から毎月一回開いた。中学生から八〇歳代のお年寄りまで毎回三〇人から四〇人もの人が参加した。開館後もボランティアガイド養成は続いており、受講生のなかから記念館で活動する「ピースLabo」

というボランティア組織が生まれた。現在、約四〇人が参加、館の運営に大きな力になると同時に後継者育成の面でも成果をあげている。

高まる社会からの関心

この間の最大の成果は、満蒙開拓に対する社会からの関心が高まったことであろう。寺沢さんが関心を持ち、活動を始めた一九九〇年代半ばのころ、満蒙開拓はほとんど社会の関心を集めていなかった。しかし、記念館建設を目指して地道な活動を続けるうち徐々に関心が高まり、「旧満州コーナー」を設置する書店なども現れた。長野県を中心として記念館の存在が少しずつ知られるようになり、いまでは県外の中高生が訪れる機会も増えた。特に二〇一六年一一月、天皇皇后の訪問以降、知名度がアップした。

といっても、来館者数は年間三万人を超えたところであり、いつ運営が揺らぐか油断はできない。しかし、満蒙開拓に関する資料館としては全国唯一といえる存在であったため、様々な資料や情報が集まってくるようになった。また「ここが最後の心の拠り所」と、訪ねてくる元開拓団員もいて、交流の場ともなった。

交流は国内にとどまらず、中国などとも広がりつつある。中国人からみれば、開拓団は土地や家を奪った加害者でもある。「旧満州、満蒙開拓を美化したり正当化したりする施設」と受け止められるおそれもあったが、開拓民の「被害者」としての側面だけでなく「加害者」の面にも向き合っている施設であることが理解され、中国側からの批判やネット攻撃もこれまでのところ、ないという。中国の民間ボランティア組織「ハルビン市中国養父母連絡会」などとの交流が深まり、一四年暮れには同会が企画した「養父母展」を記念館で開催するまでになった。

養父母とは、戦後、中国残留日本人孤児を育ててくれた中国人養父母を言い、同会は高齢化した養父母を支援している。記念館での展示の後、長野県内各地で巡回展示した。また養父母たちの生《なま》の思いを聞いてもらうため、聞き取りを進め、証言ビデオを作製した。

その一方、中国農民の聞き取りにも取り組む。寺沢さんは一九九六年、両親がかつて暮らした水曲柳開拓団があった吉林省水曲柳鎮を訪ねた。その際、小作人として日本人に使われた経験のある老人たちに話を聞いた。すると、なかの一人が「土地を取られて悔しい思いをした」と淡々と語ったという。以来、館のスタッフなどと中国東北部を訪ねて農民の聞き取りにも努めているが、高齢化によって年々難しくなっている。

歴史を検証する役割を担う

記念館は、一般の人へのアピールにとどまらず研究者にとっても大きな意味合いを持っている。満蒙開拓に関する資料は多くは残っていない。しかし、歴史を検証する拠点としての役割を担う記念館には、元開拓団員をはじめとして様々なところから資料が集まる。

加えて、民間ならではの自由さもある。たとえば、展示している資料の一つに一九四五年八月一四日外務省発令文書がある。そこには「在外邦人は現地に留まって生き延びよ」と記されている。あるいは「満鮮（現在の中国・韓国・北朝鮮）に土着する者は日本国籍を離るるも支障なきものとす」とした同年八月二六日付大本営発令の文書も館内展示している。受け止め方によっては、国策による「棄民《きみん》」とも読み取れる文面だけに、公設の資料館での展示はおそらく難しいだろう。実際、展示を見たある地方の平和資料館スタッフは「うちでは、こんなのはとても展示させてもらえない」と言っていたそうである。資料を収集、展示するだけでなく研究活動にも取り組む場とするため、二〇一四年一〇月、館内に「満蒙開拓研究所」（館長が所長を兼務）を併設した。

満蒙開拓平和記念館が開館して五年。準備期間を含めれば、一五年に近い歳月が流れたが、「満蒙開拓とは何であったか」を検証していく役割は、今後とも揺るがないであろう。

長野県は最も多くの開拓団員を出した。その中で、「国賊」「非国民」と責められながらも自分の村からは公式な形では団員を出すことを拒み続けた旧大下條村の佐々木忠綱という村長がいた。若いころ貧しかった佐々木村長は、今の飯田市にあった「伊那自由大学」

という市民大学で学び、物事を自分なりに判断する思考法を身につけた。

記念館には、半生を語った録音テープが残されているが、佐々木村長の行動は、「たとえ国策であってもおかしいことにはおかしいと言える」感性を持った市民、国民になることの重要性を示しているのではないだろうか。寺沢さんは、満蒙開拓平和記念館が「現代の自由大学」となり、小さくともキラリと光る記念館として世界に平和を発信し続けていきたいと熱く語る。

2　知られざる戦争の記録

戦没した船と海員の資料館

　JR元町駅（神戸市）を出て、海に向かって一〇分ほど歩くと海岸通りに出る。通りに面して建つ全日本海員組合関西地方支部ビルの二階に、その資料館はあった。「戦没した船と海員の資料館」。開館したのは五五回目の終戦記念日を迎えた二〇〇〇年八月一五日である。

　四方を海に囲まれ、資源の乏しい日本は石油をはじめとして多くの資源を海外に依存している。そうした地理的条件を克服するため、アジア・太平洋戦争では漁船も含めて数多くの民間船が軍に徴傭・徴用された。その結果、七〇〇〇隻を超える船、六万人余りの乗組員が戦争の犠牲になった。ほとんど護衛もないなかで、犠牲者の比率は軍人の二倍以上の四〇％を超えていた。国が始めた戦争であったのに、最初から徴用した責任を取る気などなかったとしか思えない。国にはきちんとした記録が残されていない。資料館が収集し

「戦没した船と海員の資料館」の内部

た多様な記録からうかがえるのは、戦争の犠牲となって死んでいった船員たちの無念の思いである。

戦没船は海の墓標

二階の資料館に上がって第一展示室に入る。四方の壁はすべて、アルミニウムの板に焼き付けた船の写真で隙間なく埋め尽くされている。その数一一九七枚。それでも戦没した船の二割に満たない。写真を見て歩くうち、戦争がいかに想像を絶する巨大な災禍であり、莫大な犠牲を強いるものであるかが伝わってくる。部外者を圧倒するのは一一九七枚、あるいはその数倍以上に及ぶ戦没船の数かもしれないが、犠牲になった船員遺族にとっては、たった一枚の写真に写った船そのものが「墓標」である。

資料館は、「戦没船を記録する会」の活動から生まれた。記録する会は、「海員と戦争に関する調査研究を行い、その結果を後世に伝える」（会の規約から）ことを目的として、一九九四年三月二六日に発足した。会員の船員が様々な形で集めた記録、資料を永久に保存して後世に活かす場としてできたのが資料館である。

開館に合わせ、全日本海員組合の機関誌『海員』が掲載した川島裕「戦没船を記録する会」会長のインタビュー（二〇〇〇年九月）で、川島氏は「記録する会」発足の経緯をこう語っている。「戦争を体験された船員の方々が高齢に達したということ、まもなく戦争の世紀といわれた二十世紀も終わるということで、先の戦争で船員が大変な目に遭ったことを後世に語り伝えていかなければならないという使命感を持った人たちが集まり、記録する会が発足しました。（中略）お互いに納得いくまで議論を重ね、やがてひとつの方向にまとまっていく。それは会員の方々が船を愛し、船員という職業に誇りを持っており、戦争体験をとおして何よりも平和が大事だということを追求しようという一点でまとまっていたからだと思います」。

生き残った船員たちが集めた記録

一九九五年ころから毎年、集めた資料の一部を使い、会員の協力を得て全国各地で展示会を開いてきた。また各地で毎年開催される「平和のための戦争展」などに参加し、海の平和を訴えてきた。川島氏が指摘したのは、徴兵とも違う「徴用」の怖さである。徴兵の場合、高齢者や若年者などは対象とならないが、徴用は「船ごと乗組員が駆り出される」ので年齢に無関係であった。過酷な戦場の海に引っ張り出され、精神状態がおかしくなった少年船員が何人もいたという。

徴用までの経緯は以下の通りである。一九三七年七月七日夜に起きた盧溝橋事件を契機として日中間の衝突が始まり、八月には全面戦争になった。有事に対応するために九月、臨時船舶管理法が公布された。

その目的は、日本船舶が外国に流出するのを防ぐことにあり、「支那事変（日中戦争）に関連し海上における一般交通運輸の調整を図る」（第一条）を目的として、「政府は運航業者に対し、航路、就航区域、運送すべき人、物を指定して航海を命ずることができる」（第六条）ほか、「造船業者に対し、船舶の製造順位の変更、材料または艤装品の取得の調整など船舶製造に関して必要な命令をすることができる」（第八条）といった内容の、極めて統制色の強い法律であった。

さらに、日中戦争の長期化が予想されるようになったことから一九三八年三月末、国家総動員法が成立し、五月に施行となった。船舶は国家の物的資源と位置づけられた。同年一二月には国民職業能力申告令が制定され、申告令布告時に就業中の年齢一六歳以上五〇歳未満の男子は居住区の官庁に氏名などの申告をすることが義務化された。

船員に対しては翌三九年一月、船員職業能力申告令が制定され、船員として乗船している者、下船して三年以内の元船員に対して、居住区の官庁に氏名などを申告する義務が生じた。船員職業能力申告令が成立する二年前の三七年八月には船員法が改正されており、河川、湖、港湾内など限られた区域を航行する船舶、もしくは総トン数四〇トン未満の船舶に乗り組むことができる年齢を一五歳以上に引き下げられた。外洋の航海が中心となる船員の穴埋めを、少年船員で補う準備が事前に整えられていたわけである。

統制はこの後しだいに強まっていった。一九三九年九月、ドイツ軍がポーランドを侵攻、第二次世界大戦が勃発すると、一二月には海運組合法が制定され、翌一九四〇年一月には海運統制令が制定となった。船舶の製造、修繕、使用に関してすべてを国が管理指示する内容である。そして七月、陸軍関係の輸送を増強するため船舶を追加徴用することを容易にする措置がとられた。

実数さえ不明の徴用小型船

現在から振り返れば、考えられないことかもしれない。だが、当時は疑問とされないか、仮に疑問を感じたとしても誰もが口をつぐんだ。戦争末期、日本に上陸した敵兵を倒すために行った竹槍訓練に相通じるものがある。徴用された船のなかには「機帆船《きはんせん》」「漁船」などの小型船が数多く含まれ、実数も確定していないのである。機帆船といっても、どんな船か想像できないかもしれない。辞書を引くと、「発動機付帆船の略」（『広辞苑』）とある。通常、二〇〇トン以下で多くは木造船である。そんな船までもが軍に徴用された。

すでに解散してしまった組織だが、「戦前船舶研究会」がまとめた『戦時日本船名録』（林寛司編）によると、政府または海事に関して代行を務めた帝国海事協会が一八八一年（明治一四年）以来毎年発行していた「日本船名録」は、アジア・太平洋戦争のため「昭和一八年版を最後に途絶え」、発行再開は戦後の一九四七年であり、毎年発行されるようになったのは一九五三年以降という。「一流海運国の中で、戦時中の船舶台帳がないのは日本だけ」なのである。

「船名録」は二〇総トン以上の船の名前がすべて掲載されており、よほど小さな船を除き、日本の船を網羅している。その空白を埋めるために、研究会は国土交通省の協力を得て一九三七年から一九五〇年までの船名を調べ、全一一巻という大部の著作を出版した。

また、『海員』二〇〇〇年九月号に掲載された日本殉職船員顕彰会常務理事（当時）の秦一生氏の記事「船員が二度と戦火の海を航《い》かないために」には、膨大な犠牲の背景と要因が詳細に記されている。太平洋戦争が世界の戦争史に例を見ない大海洋作戦でありながら、海上輸送を確実なものにするために行う護衛・確保に対する、米国とは一八〇度異なる考え方によって膨大な犠牲が生じたという。

米国は開戦に備え、自国輸送船団護衛のため巡洋艦、駆逐艦、空母など二八〇隻を準備していた。さらに、日本商船隊の壊滅が勝利への道と考え、そのために潜水艦二八八隻を西太平洋全域に展開させ徹底した日本商船隊の壊滅作戦をとった。これに対し日本軍は、日露戦争以来伝統としてきた大艦巨砲主義の艦隊決戦を作戦の中心とし、優秀な潜水艦一六〇隻以上を保有していながら、輸送船団の護衛や敵の輸送船団への攻撃にはほとんど目を向けなかった。開戦時、海軍が保有していた護衛のための海防艦はわずか四隻だったという。

陸軍省戦備課は米国との開戦以前、南方で武力行使する場合、「船舶に懸念があることを指摘しており、船舶の問題は開戦直前まで議論されていた」（牧野邦昭『経済学者たちの日米開戦』）。南方で入手した資源を日本に運ぶには、海上輸送が不可欠であったからである。しかしその保護に誤算があったという。「日本海軍は精強な艦隊を整備して敵艦隊を撃滅し根拠地攻略を行うことこそが海上交通保護（自国の船舶の安全な航行）であると考えられていた。海軍が『太平洋戦争のような戦争』を想定するようになったのは開戦の一、二年前のことであり、それでも老齢駆逐艦や水雷艇などで通商保護が可能であると考えられていた」（前掲書）という。

こうした結果、アジア・太平洋戦争で米国が失った商船隊は九〇隻五二万総トンに対し、日本が失った商船隊は七〇〇〇隻約八八〇万総トン。総トンで一七倍近くになる。あまりの差に驚愕せざるを得ない。この数字にはむろん、機帆船などの小型船は入っていない。同じく島国であった英国も、ドイツ軍の徹底した輸送船団攻撃によって五〇〇〇隻、二一五五万総トンの大損失を被《こうむ》ったが、護衛を強化していたため犠牲者は二万三八〇〇人と日本の半分以下にとどまったという。

秦氏はまた、日本軍の開戦時の戦略に疑問を投げかけた。資源を持たない日本は西南太平洋の大小の島々や大陸の一部に進出して兵員を配置し、そこで得た資源を本国に輸送して戦争を遂行するというものであった。すべて船舶なくしてはできない戦略だったが、開戦時の船舶保有はせいぜい六三〇万総トン程度。戦争に突入すること自体が無謀だったとする。なぜなら、開戦時、日本商船隊は世界三位を豪語していたが、英米が保有する船腹に比べると八分の一程度に過ぎなかったからである。

英米に大きく水をあけられていた日本は、一九四一年一二月の開戦と同時に戦時海運管理令によって陸軍（A船）、海軍（B船）、民間・船舶運営会（C船）に区別し、優秀船はA船、B船として徴用した。一方、漁船は同じく開戦と同時に洋上哨戒《しょうかい》の目的で海軍に徴用されたという。戦争末期には、機帆船と同様に南方の作戦地域間輸送のため小型漁船が数多く徴用されている。

〝手当たり次第〟に近かった徴用の実態

海上の作戦が日本にとって不可欠かつ重要なものであったはずだが、徴用の実態を記した記事などを読むと、かなり杜撰に行われたようだ。これも秦氏の記事によるが、瀬戸内海を航海中にそのまま徴用となった船もあった。

宮崎県在住の生存者（掲載当時八三歳）の手記によると、ある日、三〇隻くらいが集結させられたところに陸軍の下士官が乗船してきて、乗組員に「船を徴用することになったので検査をする」と言って、簡単に船を見た後、乗組員全員を船橋に集め、「全員合格。明日全員暁部隊に出頭せよ」と命令して帰った。この間、要した時間は約五分。手記は、陸軍が手当たり次第に船を集めている印象であったと記す。

船は海運会社など船主がその目的に沿って造船会社に注文するため一隻ごとに仕様が異なるのが普通である。しかし、戦時には海上輸送力増強のために造船量増大を優先し、構造を簡素化して短期間で建造可能な船がつくられた。いわゆる戦時標準船（戦標船）と呼ばれる船で、第一次から第四次まで計画されたが、実際につくられたのは第三次までである。

船種は貨物船、油槽船が中心で、第一次戦標船は貨物船六種、鉱石船一種、油槽船三種の計一〇種の輸送船が造船統制会を通じて造船会社に割り当てられ、一九四一年から建造が始まった。しかしその後、戦況が次第に悪化、より迅速な建造が必要になったため四三年の第二次戦標船は鉱石船を廃し、貨物船三種、油槽船三種が建造されたが、短期間の建造・工事簡素化を至上目的としたため、二重底を廃止し、鋼材厚を薄くする一方、居住区の簡素化、装備の軽減などを図り、粗製乱造・戦争遂行だけを目的とした造船が行われた。

戦没船を記録する会編の『知られざる戦没船の記録』（上下二巻）によると、「白馬丸」（二八五七総トン）の受け取りのため一九四四年三月、名古屋の造船所に出向いた日本郵船の社員は建造現場で、臨時の素人工員が慣れぬ手つきで溶接や鋲《びょう》打ちしているのを見て驚き、受け取りを拒否した。造船所の担当者は、「造っても造っても沈められてしまう。消耗品と思って受け取ってほしい」と嘆願したが、なおも拒絶し翌日、大雨になったので船の内側から甲板を点検したところ、数えきれないほどの雨漏り箇所が見つかった。チョークで印をつけ、修復を申し入れたという。

同じく紹介されている事例では、「第三松邦丸」（八八〇総トン）を一九四三年一一月末、東京造船所に受け取りに行った松岡汽船の担当者は、船の中から甲板を見上げると光がちらちら漏れるので甲板に上がって水道水を流してみた。すると、雨のように水が漏れるザル船だった。造船監督官事務所に報告すると、「軍の作戦を妨害するつもりか、受け取れ」と命ぜられた。それでも受領を拒んだら、囚人工員多数が隙間を埋め、あるいは溶接をしてやっと甲板の漏れをふさいだ、といった話が紹介されている。

ちなみに、囚人工員について少し触れておきたい。アジア・太平洋戦争時、生徒のほか捕虜、受刑者などが勤労動員された。相生市《あいおいし》歴史民俗資料館のホームページには、海軍は太平洋戦争が始まると相生に簡易造船所をつくり、播磨造船所松の浦工場とした。工員として生徒のほか捕虜、受刑者などを動員、本社工場と合わせて二万人以上が働き、戦時標準船を月一〇隻以上のペースで建造したことを紹介している。

一九三〇年代後半から戦争に備えていた米国

ＮＴＴを退職後、二〇〇二年から戦没した船と海員の資料館でスタッフとして働く大井田孝さんは、独力で様々な記録を調査、研究してきた。当初は、海や船に関する知識などほとんどなかった大井田さんだったが、知人から日本財団が海洋に関する研究に助成をしていることを教えられ、応募してみた。思いがけなく審査を通り、米国NARA（国立公文書記録管理院）に情報収集に出かける機会を得た。二〇〇七年六月である。

ワシントン滞在は約一週間だったが、依頼した通訳がNARAで働いた経験があったため、予期した以上の情報収集ができた。「日本商船」「沈没」などのキーワードで検索すると、沈没した船のリストが得られた。リストを見ながら、次から次へ写真のコピーを申請した。出てきた写真は八三枚。真横から船を撮影した写真もあれば、真上から撮影した写真もあった。コピー申請を書きまくる姿を見たNARAの職員は、自分のデジカメで撮影して構わないとジェスチャー交じりに教えてくれ、その後はデジカメで撮影、計三〇〇枚近くの写真を入手することができた。

米国は日本との戦争に備えて、一九三〇年代後半から様々な情報収集を行っていた。その一つが日本商船の写真を入手することであった。米軍はパナマ運河などを通過する船やアメリカの港に停泊する商船を、様々な角度から撮影し、撮影した写真（左ページ、「戦没した船と海員の資料館」蔵）を基にシルエットを作製して潜水艦の船長に渡していたことがわかった。ひとたび、戦争となれば、写真やシルエット図が威力を発揮する。情報という

米軍が撮影したパナマ運河を通過する日本商船の写真（1938年１月）

ものの扱いを知悉《ちしつ》するアメリカの底力を見た思いであった。

それで思い出したことがある。米国は日本に関する様々な情報収集を徹底的に行っていた事実である。三輪宗弘九州大学教授の調査研究による成果で、新聞の記事（二〇〇八年一一月四日付日本経済新聞夕刊）で紹介したが、米国NARAが所蔵する米国司法省戦時経済局の膨大な記録を基にしている。三菱商事、三井物産、大倉商事、浅野物産、安宅《あたか》商会、山武商会など当時、日本を代表する商社が米国から輸入した工作機械をはじめとする多種多様な装置、製品にはどのようなものがあり、日本のどこに存在するかを逐一調べた記録である。日本との開戦によって商社の在米支店資料を接収して調べたものと考えられ、開戦までの五年間の記録を徹底的に分析した。

それによると、陸海軍のほか、日本企業約二〇〇〇社が米国から機械を購入していた。据え付けには米国メーカーの社員が来日して実地に指導。このため、機械メーカー社員や布教活動をしていた宣教師などにも聞き取り調査を行い、詳細な情報を入手していた。戦時経済局はワシントンの本局を中心にニューヨーク、シカゴ、サンフランシスコ、デンバーなど全米に支局を配置。これらの支局が接収、調査などの活動をした。

ニューヨーク支局のリポートだけで一一七件を数え、取引の内容だけでなく、どの工場に設置したかを調べたリポートもある。平時に得られる情報と重ね合わせて初めて、有事の情報の価値が決まる。

以上はともかく、大井田さんは米国で「ここに行けばわかる、という場所が日本にはない」と強く感じたという。NARAの本館があるワシントン、新館があるメリーランドでの調査で大量の写真を入手したが、すべて海軍の情報。「これから陸軍の情報を入手しに、カリフォルニアに行きましょう」と通訳氏に促されたものの予算や日程の制約から断ったそうだが、情報は何のために集めるのかという発想に日米で大きな落差があるのは間違いない。

仕事を続けるうち、大井田さんは船や海に関する基礎知識の必要性を痛感した。芦屋にある海技大学校航海科の通信課程に入学し、航海術の基礎を学んだ。記録を読んだだけでは事実かどうかはわからない。記録を基に海図をたどり、船の動きをトレースしてみて初めて、記述が事実であったか否かがわかる。それでもまだ、わからないことはたくさんある。一つ新しい事実がわかるとまた一つ、謎が生まれる。今、研究しているのは、旧日本軍は補給をどう考えていたのかというテーマだ。「小型トラックや荷車など物資運搬のための手段を選んでいるのに、現地の状況を事前に調べずに行ったため使えないことも多かったらしい」。

太平洋の島々までは運べても、島の中での運搬手段を事前に考えていなかった。戦闘での死より、病気や飢えなどでの死者の方が多かった理由とも関係するのではないだろうか。こんな記述もある。

「その内訳の正確なデータは資料に乏しいが、巨視的にみると、その約三五〜四〇％が直接戦闘（対ゲリラ含む）によるもので、残り約六五〜六〇％は病没であるように思われる。しかも、病没者のうち純然たる悪疫によるものはその半数以下で、その他の主体は悪疫を伴う餓死であったと思わざるをえない」（『大東亜戦争陸軍衛生史（比島作戦）』）。二〇一七年一二月に出版され、話題を集めた吉田裕著『日本軍兵士』が紹介している。

二〇一一年三月の東京電力福島第一原子力発電所事故の際の対応の遅れとも共通するよ

うな話ではないか。日本は七〇年以上前の戦争から、いったい、何を学んだのだろうか。

戦争アーカイブ

しかしそれでも、戦争の悲惨さは伝えていかなければならない。ヤフー株式会社のメディア本部クオリティ・コントロール・エグゼクティブ・プロデューサー、宮本聖二氏は新聞の記事と映像をデジタルで結び付け、ネットに載せて広く伝えていく新しい手法にチャレンジしている。NHKに入局して最初の赴任地、鹿児島で沖縄をテーマにした番組制作にかかわったのが始まりという。

沖縄戦をはじめとして、「知らないことだらけ」だった宮本さんを突き動かしたのは、旧石川市（現うるま市）で一九五九年六月に起きた米軍戦闘機の墜落事件を知ったことであった。戦闘機は市立宮森小学校に墜落、一一人の児童を含む計一八人の市民が犠牲になった。事故直後、米軍は現場周辺を立ち入り禁止とし、その後現在まで十分な解明はなされていない。宮本氏は事件の被害者に証言を求め、番組を制作したが、問題を深く捉えるには様々な資料にあたる必要があると感じた。以来、戦争にかかわる証言などを題材として番組を制作してきた。代表的な作品は、「戦争証言アーカイブズ」である。二〇〇八年に始めて二〇一四年に定年でNHKを退社するまでの期間に八〇〇人を超える人から証言を集めてデジタルアーカイブをつくった。

ヤフーに移籍してからは「未来に残す戦争の記憶」というデジタルアーカイブを手がけた。全国各地の空襲による被害の状況を都道府県別に整理し、一覧できるようにした。また戦時郵便を取り上げ、解説を掲載した。戦地に赴いた夫や息子、孫の安否を確かめるため、内地の家族がいかに頻繁に手紙を書いたかがうかがえるようなデジタルの記録集だ。デジタルアーカイブを手がけて得た知見を基にして、現在、取り組むのが地方紙との共同プロジェクトである。

新聞離れが言われて久しいが、特に規模の小さい地方新聞社にとってデジタル化の取り組みは大きな負担だ。映像や動画の扱いなどのノウハウもない。そこで宮本さんは地方紙に連携プロジェクトを提案した。

最初に具体化したのは若いころから関わりのあった沖縄の地方紙、琉球新報で、二〇一七年六月Yahoo! ニュースで動画を共同制作、配信した。取り上げたのは「沖縄戦」と「戦後の基地拡大」。琉球新報が一一年九月から紙面で掲載してきた連載企画「未来に伝える沖縄戦」の動画版だ。連載を担当した同紙の玉城江梨子氏は、『「戦後の基地拡大』は二〇一五年に作家の百田尚樹氏が『普天間基地は田んぼの中から作られた』と事実と異なる発言をしたため、社内で『Yahoo! ニュースを通じて、全国に事実を伝えよう』という声が上がり、共同制作のテーマとなった」(「放送研究と調査」二〇一八年五月号)という。

玉城氏はそれまで何度も普天間の問題を紙面で取り上げてきた。しかし、百田氏の発言を知り、「〝琉球新報だけでは全国に伝わらず限界がある〟と感じ」(同)て、ヤフーとの共同制作に踏み切った。動画撮影のノウハウなどはすべて宮本氏がアドバイスした。動画の持つ説得力は無視できない。修学旅行に来る高校生も動画があると理解が深まるという。「信頼できるニュースをネット経由で流す。前提となるのは、信頼できるコンテンツ」と宮本さんは語る。信頼できるコンテンツ制作のため、地方紙と連携していく考えで、その後も南海日日新聞社、神奈川新聞社と共同制作を実施、二〇一八年は西日本新聞社などとの共同制作を実現した。もっとも、「信頼できるニュース」を流すのは「言うは易く、行うは難し」の面がある。

ヤフー広報室によると、同社は約四〇〇の媒体から配信された記事を一日約四〇〇〇件提供している。産経新聞が配信した二〇一七年一二月九日付「危険顧みず日本人救出し意識不明の米海兵隊員、元米軍属判決の陰で勇敢な行動スルー」という記事を掲載し、琉球新報、沖縄タイムスの二社が報道しなかったことを伝えた。しかし、米兵が日本人を救出した事実はなく、確認せずに紹介したことを二〇一八年三月に謝罪した。ヤフーは著作権に詳しい専門家も参加するクオリティ・コントロール室の判断で謝罪をしたが、ネットワークの運営を主とするいわゆるプラットフォームが、ニュースの是非について判断したのは今回が初めて。今後、フェイクニュースの動向にも影響を与える可能性がある。

3　震災の記録と継承

ボランティアによる歴史資料の救出

一九九五年一月一七日、阪神・淡路大震災が兵庫県南部一帯を襲った。死者六四三四人という大地震だったが、震災を契機としてボランティア活動をはじめ、様々な社会活動が広がった。その一つに記録の問題がある。

震災二週間後から歴史研究者、図書館・博物館関係者などを中心として資料の救出が始まった。旧家に残された古文書などの歴史的資料を救出する活動だったが、この動きに並行するようにボランティア活動の記録や資料を保存する活動が被災地で始まった。

震災から約二カ月を経た三月末、ボランティアをコーディネートする団体である阪神大震災地元NGO救援連絡会議のなかに、震災・活動記録室ができた。記録室は五月、「やったことを記録に残すボランティア大集会」を開催。三月末で被災地を去ったボランティアたちに活動記録を預けてほしいと伝えたところ、想像していたよりも多くの人が資料を寄せた。自分たちの活動を記したノート類は、「公共的なもの」と意識したボランティアが多かったのではないかと、神戸大学地域連携推進室の佐々木和子氏は『「地域歴史遺産」の可能性』（神戸大学大学院人文学研究科地域連携センター編）に記している。

記録というものに焦点をあてたとき、阪神・淡路大震災は二つの点でそれまでとは一線を画す災害であったと考えることができるのではないだろうか。一つは歴史資料の救出・保全活動をボランティアの連携によって行ったことであり、もう一つはボランティア活動そのものを記録に残したことである。

地震などの大災害から資料を救い出し、保存する活動が過去になかったわけではない。しかし、その対象は指定文化財などいわゆるお宝がほとんどで、一般家庭に伝えられてきた古文書なども含めた地域史料の救出・保存をボランティア活動によって行ったのは阪神・淡路大震災が初めてと言って過言ではなかろう。もちろん、実際は手探り状態のなかでの活動であり、歴史資料保存者の家庭を一軒一軒訪ねて歩く、巡回調査から始め、議論を重ねながら方法論を積み上げていった。

こうした活動を社会が認知するようになった背景には様々な要因がある。この時、ボランティアとして活動に参加した三村昌司氏（現在は防衛大学校人文社会科学群准教授）は「長期的な日本社会の変化のなかで蓄積していた問題点が、阪神・淡路大震災によって表面化したと考えるべき」(『「地域歴史遺産」の可能性』)と指摘している。

蓄積されていた問題点とは以下のようなことである。日本列島が、阪神・淡路大震災以前から地震の活動期に入ったことに加え、地球温暖化などの影響であろうか、水害が多発するなど自然災害が増加傾向にある。

その一方で、地域社会はますます弱体化。さらに個人主義が先鋭化し、日本社会がばらばらの「個人」に分節化し、「コミュニティの解体」を促している、などといった問題である。

コミュニティ崩壊の危機を予兆するような状況下で展開された歴史資料保全活動を、市民が「生活復興」の一環として受け止めた結果、認知されるようになったという分析である。むろん、そのためには歴史研究者が乗り越えなければならない大きな壁があった。三村氏の言葉を借りれば、「その地域の歴史を伝えるもの」が「歴史資料」であり、いわゆるお宝だけが歴史資料ではないことを市民に伝える活動が大事だと歴史研究者が認識することであった。そうした結果、近現代の日記、写真、町内会の記録、ビラなども「歴史資料」になるとの認識が市民の間に徐々に広がった。

震災から二〇日ほどを経た九五年二月四日、神戸大学文学部の奥村弘教授が呼びかけ、大阪歴史学会、日本史研究会、大阪歴史科学協議会、京都民科歴史部会、神戸史学会、神戸大学史学研究会、神戸女子大史学会などに参加する歴史研究者、博物館・図書館関係者が尼崎市立地域研究史料館を訪ね、協議した。

同館は名前こそ研究史料館だが、基礎自治体では藤沢市に次いで国内二番目に開設（一九七五年一月）された歴史ある公文書館。翌週には同館内に「歴史資料保全情報ネットワーク（略称史料ネット）」が開設され、活動が始動した。その後、史料ネットのセンターが神戸大学に移転、九六年四月には名称を「歴史資料ネットワーク（史料ネット）」と改めた。

資料救出活動が最も活発だったのは、震災一ヵ月後の九五年二月から翌九六年一二月までの一年一〇ヵ月余りという。この間に、合計で四五回出動し、救出した量は合わせてミカン箱一五〇〇個前後に及んだ。地域別の出動件数は神戸市域が一六回、北摂地域が一五回、西摂地域が一〇回、明石地域四回であった。救出した資料は古文書にとどまらず、近世から近代にかけての絵図や写真類、民具、書画、新聞、個人の日記、ミニコミ誌、公害訴訟関係資料など多種多様な資料であった。出動したボランティアは延べ四〇〇人にのぼった。

出動の大半は、歴史資料所蔵者からの依頼ではなく、史料ネットの巡回調査活動によるものであった。ただ同じ調査をしても地域によって成果に違いが生じた。宝塚市、伊丹市、西宮市、尼崎市、芦屋市などでは自治体史編纂時の史料台帳が残されていたため、巡回調査をある程度円滑に進めることができたのに対し、最も被害が大きかった神戸市域では歴史資料を所蔵しているか否かの基礎的調査が行われていなかったため、ゼロからのスタートとなった。このため史料ネットは、明治時代中期に作製された陸測図などを手がかりに、江戸時代以来の旧村単位で調査、合計で一七回三六七軒の聞き取り調査を行った。

「在野のアーキビスト」

資料救出の成否は、第一に事前の情報があるか否かによって大きく左右される。神戸市での活動が難しかったのは、基礎となる情報に乏しかったことが大きな理由だった。さらに、ボランティアなど地域に在住しない外部の人間が資料救出を円滑に進めるには、地元の自治体関係者や郷土史研究者との連携が欠かせないことが明確になった。

阪神・淡路大震災時の歴史資料救出活動は、資料を救出することがゴールではなかった。史料ネットが活動を続けるなかで、地域社会の基盤が歴史文化にあり、その基礎となる資料が危機的状況にあるとの共通認識が住民の間に生まれた。また震災の体験は、大学全体に、地域と向かい合うことの重要性を改めて認識させた。この結果、地域社会との連携を組織的、持続的に行う組織として二〇〇三年一月、神戸大人文科学研究科に地域連携センターができた。以来、一五年にわたり自治体や地域団体と連携して歴史と文化を活かした地域づくりを進めてきた。

その基礎となるのが「地域歴史遺産」という考え方である。地域の歴史を物語る多種多様な資料、たとえそれが「負の遺産」であっても未来の誰かにとって意味のあるものであれば、歴史遺産としてとらえ新たな価値づけをしていく。こうした考えに基づき、大学が連携協定を結んだ自治体、住民組織は県内約三〇に及ぶ。活動の内容は多種多様である。

丹波市棚原《たなばら》地区の住民は毎月一回、公民館に有志が集まり、地区が保有する古文書を基に勉強会を二〇〇七年以来開催してきた。勉強会といっても古文書（崩し字）を読むのが目的ではない。古文書に記された近世や近代の地区の様子を知り、歴史文化を活かした町づくりに活かそうという目標がある。丹波市は〇四年一一月に旧春日町など六町が合併してできた新しい市。合併で旧町の歴史が忘れ去られ、地域住民が培ってきた連帯意識が薄まってしまうのではないかと危機感を抱いた住民が「パワーアップ事業委員会」を結成して勉強会を続けてきた。

勉強会には必ず神戸大の研究者が参加、文字の解読から始めて資料整理、目録作成、住民主体の講演会や企画展の開催など多岐にわたる場面で協力してきた。元禄の村絵図と史跡スポットを重ねた地図などもつくって地区にある古文書の保管意識を高め、個人蔵文書を再発見するなど成果をあげた。公民館建て替えの際には、古文書を保管する資料室を新しく設置するなど意識が高まり、「在野のアーキビスト」と評されるまでになった。

歴史資料を地域に活用

棚原地区の事例は、歴史的な資料を現代に活かす理想的な事例として「棚原モデル」と表現され、その手法を丹波市の他地域に応用する取り組みが始まっている。大きな前進が見られない地域もあるが、連携事業を推進してきた奥村教授は「県内三〇地域での事業はこれまでのところ、すべて継続している」という。

ほかの事例では、尼崎市は市民団体と連携して中世の城跡を研究し、インターネットで仮想の博物館をつくったほか、市と歴史展を開催。調査には小学生も参加した。その後、住民主体の「富松城跡を活かすまちづくり委員会」が生まれ、城跡をまちづくりの核として活かす取り組みが本格化している。小野市では大人と子供が一緒に遺跡や文化財を調べ、年一回、文化施設で展示会を開いてきた。

また小野市と加西市にまたがる青野ヶ原には、第一次世界大戦期、捕虜の収容所があった。青野ヶ原俘虜収容所にはドイツ兵、オーストリア＝ハンガリー兵合わせて五〇〇余人が収容されていた。収容所の存在は長年、忘れられていたが、捕虜が記した日記の複写物が博物館の市立好古館に寄贈され、その分析と現地踏査を神戸大人文学研究科の大津留《おおつる》厚教授らが進めた結果、実態が解明され、捕虜と住民の間で、サッカーなどのスポーツや音楽、演劇など様々な文化的交流があったことがわかり、第一次大戦終結九〇年の年にあたる二〇〇八年にウィーンのオーストリア国家文書館で展覧会と演奏会を実現した。地方自治体と外国の国家機関が共同で文化事業を開催する稀有な事例となった。

さらに伊丹酒造組合との間では、「白雪」の酒造元である小西家に伝わる古文書を基に一年間に及ぶ勉強会を開催し、元禄一五年の「白雪」、文政八年の「白雪」を復元、実際に販売した。

史料ネットが掲げる活動内容には、六つの項目が並ぶ。

(1)阪神・淡路大震災後の保全歴史資料の保存と活用
(2)阪神・淡路大震災の資料・記録の保存と活用
(3)被災地を中心とする市民の歴史研究活動の援助
(4)大規模自然災害についての史料保全・歴史研究についての提言
(5)大規模自然災害の際の歴史学会の史料保全活動の暫定的なセンター的役割
(6)市民社会の中での歴史資料のあり方についての研究

どれも重要なテーマだが、歴史資料や記録を「お蔵入り」させておくことなく、地域社会のために活用していく姿勢を明確に打ち出した点に大きな特徴がある。

阪神・淡路から全国へ

阪神・淡路大震災を契機として神戸に誕生した史料ネットは、地元での活動にとどまるのではなく、その後に日本各地で起きた地震などの自然災害に対応し、大震災で培った様々な知見を基に、資料救出・復旧活動を支援した。

最も代表的な事例が、二〇〇三年七月に起きた宮城県北部地震の際の活動である。史料ネットの支援を受け、東北大学の平川新《あらた》教授（当時）らは資料救出のための組織として「宮城歴史資料保全ネットワーク」を結成、被害に遭った資料の救出にあたった。活動を進めていくなかで、災害が起きる前の情報を掌握しておくことの重要性を認識した平川さんたちは、主として宮城県内の旧家を対象に、資料の所在調査を始めた。

以来七年余、二〇一一年三月に起きた東日本大震災までに四〇〇軒を超える旧家の所在調査を進めることができた。毎年、旧家を訪ねて古文書を調査、一点ずつデジタルカメラで撮影した後に目録を作製する。発見した史料は二〇万点におよび、四万点をデジタルカメラで撮影、記録した。データは計七〇万コマに達した。写真とDVDデータは史料の所蔵者、地元の教育委員会、県立歴史博物館に寄贈、東北大学と合わせて計四ヵ所に保存してきた。が、道半ばで大震災に遭遇してしまった。

宮城ネットの場合、資料救出などの活動に広がりを持たせるため二〇〇七年二月に組織を非営利法人化し、資料救出にあたる人材だけでなく資金的な支援を担う人たちを組織化するための方策にも取り組んだ。神戸の史料ネットが切り開いた歴史資料救出活動を基盤に、宮城は独自の手法を盛り込み、歴史資料救出に新たな道筋をつけたと言える。

また神戸とは少し異なるが、地域にかかわる様々な資料を駆使して歴史を再生する事業を二〇一二年九月以来続けている。ブックレット形式で手軽に読める小冊子になっており、主に若手研究者が執筆してこれまでに一二種を刊行した。その一つ「湯けむり復興計画」では、打ち続く凶作と不況によって入湯客の減少に苦しんだ仙台藩領内の温泉湯守《ゆもり》たちが、木賃代、湯銭の値上げを藩に認めさせるため、天保期を境に団結して請願を繰り返した様子を読み解いた。これらの刊行物を被災地の歴史再生叙述事業と称している。事業を進めるうえでもNPO法人化は効果があった。

史料ネット、さらに宮城ネットの活動が基盤となって、東日本大震災に前後する時期に全国各地で歴史資料救出ネットワークが相次ぎ結成された。二〇一八年一月現在で、二四に及ぶ都道府県でネットワークが成立。救出した歴史資料の整理・目録作成に取り組む地域がある一方、水損した資料の修復法の勉強会を開く地域があるなど、地震や水害などの大規模自然災害に対応した多様な活動を展開している。

ライブラリアン・ネットワークと震災文庫

一方、ボランティア活動そのものを記録し、保存・公開する取り組みは今も続いている。前述の通り、阪神大震災地元NGO救援連絡会議のなかに震災・活動記録室が一九九五年三月に発足。四月には、図書館関係者、資料保存の専門家を中心としたボランティアグループが「震災記録を残すライブラリアン・ネットワーク」を結成した。

同じころに神戸大学附属図書館が震災に関する資料収集を始めた。本や雑誌だけでなく、ビラやチラシ、ポスターなどの一枚もの資料、抜き刷り、レジュメなど通常、図書館が扱わないような資料を網羅的に収集。それらを基にして神戸大学附属図書館震災文庫が一〇月に正式開設、一般公開に踏み切った。七月にはライブラリアン・ネット、震災文庫が兵庫県内の図書館関係者に呼びかけて震災記録実務研修会を神戸市役所で開催している。神戸大附属図書館職員(当時)の稲葉洋子さんは「皆が大なり小なり震災資料収集を手がけていたことに驚かされた」と『阪神・淡路大震災と図書館活動:神戸大学「震災文庫」の挑戦』に記している。

こうした動きを背景として、兵庫県は一〇年間を想定した復興計画のなかに、震災復興資料・記録収集事業を組み込み、県の外郭団体である財団法人二一世紀ひょうご創造協会に業務を委託した。収集事業は一九九八年四月、兵庫県内一〇市一〇町（当時）が設立した財団法人阪神・淡路大震災記念協会が引き継いだ。

さらに二〇〇〇年六月から〇二年三月までの間、厚生労働省の緊急地域雇用交付金の適用を受けて大規模な資料調査事業を行った。一期六カ月、一期あたり一一〇人、二年弱の間に延べ四四〇人が事業に投入され、NPO団体、復興公営住宅、学校などから計一六万点の資料を収集。それらは〇二年四月、国の支援を受けて兵庫県が設立した「人と防災未来センター」資料室が引き継いだ。一六年現在で一次資料一九万点、二次資料四万点を収蔵する。

一九九五年三月に発足した震災・活動記録室は三年後の九八年三月、被災地の情報支援を行う「震災しみん情報室（現NPO法人市民活動センター神戸）」と資料保存事業を主とする「震災・まちのアーカイブ」に分化した。震災・まちのアーカイブは、県の「阪神・淡路大震災メモリアルセンター」（現「人と防災未来センター」）計画の成り行きを注視し、展示計画に対する公開提言を県に提出するなどした。しかし、国は施設整備を一九九九年度補正予算で行うとしたため急ピッチの展開となり、じっくりと検討する時間的余裕がなくなった。佐々木和子氏は「完成前は『メモリアル』のための公共施設を標榜していたが、〇二年四月の開館時には一転して『防災』のための施設になった」と、『地域歴史遺産と現代社会』に記した。

一方、震災から二年後の一九九七年一月、神戸市長田区役所職員有志が開設した「人・街・ながた震災資料室」は、避難所の運営に携わった職員たちがその運営に関連する記録や資料を保存して公開している。また震災・まちのアーカイブは二〇一六年に活動拠点を長田区から垂水区に移したが、設立以来の会員を含め七、八人で今なお活動を続けている。収集する資料はすべてボランティア関係で、初期のボランティア資料や活動記録室自体の資料もすべて移管されているという。

ボランティア団体などが収集した資料は「震災資料」と呼ばれている。人と防災未来センター資料室の杉本弘幸資料専門員によれば、「震災の発生直後から被災地の復旧・復興過程で使われ、作られた様々な記録・資料」ないし「被災地内（外）で生きる人々のその時々の営みを記した『生』の記録」と位置づけられる。いわば「同時代資料」である。震災前からその地域に存在していた歴史的価値のある資料で、震災によって被災したものは「救済被災資料」と呼び、両者を区別して扱ったという。

震災関連資料と救済被災資料

新潟県長岡市の中央図書館には文書資料室がある。二〇〇四年一〇月に起きた中越地震の後、歴史的資料の救済に並行する形で、震災関連資料の収集に努め、災害対応を行ってきた。中越地震の際に設置した避難所で配布・掲示された資料、避難所で作成した資料約四〇〇〇点をはじめとする資料群のほか行政刊行物資料群など合計一〇の資料群に分類されており、二〇〇八年八月に第一次公開を行った。その後の追加分を含めて、資料室の「震災アーカイブズ」に蓄積された資料は計九六五一点（二〇一一年一二月現在）に達した。

そして二〇一一年三月に起きた東日本大震災では、長岡市内に計約二〇ヵ所の避難所が設定され、福島県南相馬市をはじめとして一〇〇〇人を超す避難者が三ヵ月近くを過ごした。

中越地震の際、同館文書資料室の田中洋史さんは、『阪神・淡路大震災にかかわる史料保存活動の記録――その時何を考え、行動したのか』（全国歴史資料保存利用機関連絡協議会近畿部会、一九九七年）で読んだ、避難所の掲示物を収集できなかったことを反省する体験談を思い出し、避難所資料の収集に取り組んだ。

ただ、中越地震の際の収集は主に避難所閉鎖後であったため、十分な回収ができなかったという思いがあった。このため東日本大震災では、避難所開設中から資料収集を始めたが、開始の時期については慎重に検討を重ねた。避難者の気分を害するだけでなく、避難所の運営にあたっている職員の仕事にも影響するおそれがある。このため、避難者の受け入れが落ち着いた四月半ば以降に開始するとともに、収集に関する了解を得るための手続きについても市役所内にとどまらず、多様な組織・個人が参加して防災に関する研究活動を展開している社団法人中越防災安全推進機構などとの連携を図りながら慎重にことを進めた。

当時、長岡震災アーカイブセンター「きおくみらい」建設が進んでおり、多くの人たちの理解を得るのにプラスに作用した。また、収集する資料も「廃棄するもの」「不要になったもの」に限り、避難所職員に負担をかけないように配慮した。それでも、初めて収集のために避難所を訪れた当日（四月一一日）は、「緊張感とためらいでいっぱいだった」と田中さんは振り返る。

六月下旬までの期間で収集活動は延べ二六回を数えた。計八カ所の避難所から回収した資料は、段ボール四四箱、大型封筒一〇袋、写真三九三枚となった。収集した資料の整理は二〇〇五年一〇月に発足した整理ボランティアが中心となってあたった。利活用については個人情報保護の観点から難しい面もあるが、関係者との協議などを進めて、情報公開するための基準を設定する考えだ。

とりわけ、ボランティアの力は大きな恃《たの》みだ。都市部など高等教育機関が存在する地域はともかく、山間部には大学など高等教育機関がない。このため、向学心に富んだシニアの協力は不可欠ともいえる。

長岡市との交流で歴史のある十日町市では中越地震の際、救出した資料を基に、越後《えちご》縮《ちぢみ》の大問屋であった加賀屋・蕪木家の蔵から救出した八万点におよぶ古文書を整理し、目録を作成するのにボランティアが力を発揮した。崩し字を読めない人も少なくなかったというが、最年長の人は八〇歳代、最年少は一〇歳代と多様な世代が参加、中には筆者に、「地域の資料を整理するのが生きがいになった」と話してくれた主婦もいた。

市民との協働による地域資料の整理は今後、特に過疎地域の活動において欠かせない要素となりそうである。

資料を基盤にした新しい学問目指す

国では公文書に関する不祥事が続く一方で、徐々にではあるが、災害からの復興などの経験を通して資料や記録の重要性に対する認識が市民の間で深まり始めている。拠点となって活動しているのは西の神戸大学、東の東北大学である。このほか二〇余の地域で展開されている史料ネットワークの事務局も多くの場合、大学がその役割を担っている。

ここに着目した大学共同利用機関法人の人間文化研究機構（平川南機構長）は二〇一八年一月、神戸大、東北大との間で基本協定を結んだ。同機構は国立歴史民俗博物館、国立民族学博物館、国際日本文化研究センター、国文学研究資料館、総合地球環境学研究所、国立国語研究所の六つの研究機関を束ねる組織。全国を三ブロックに分け、東北大、人文機構、神戸大を三拠点として全国の大学と連携、資料の所在調査・データ化、緊急時を想定した相互支援体制の構築などを進める。

さらに資料に基づく実証的研究を進め、大学の教育・研究機能の強化も併せて図る。人間文化研究機構所属の研究機関には自然系の機関もあり、自然科学分野の研究とも連携する考えだ。また、国立文化財機構が推進する「文化遺産防災ネットワーク推進会議」や全国八〇〇以上の博物館が加盟する「全国歴史民俗系博物館協議会」などとも連携し、資料保存の支援体制をさらに拡大強化していく方針である。

その原動力となるのは、やはり人材である。神戸大の場合、兵庫県内三〇地域で進めてきた地域連携研究のなかで准教授、助教クラスの人材が育ち、関東、東北など他地域の大学教員として活躍し始めている。「地域歴史遺産の保存・活用を体系的に学んだ人材が複数の大学で活躍し始めている。学芸員や教員に育ちつつある人材も」と、奥村教授は一五年に及ぶ活動の成果を語る。また東北大は二〇一二年四月、平川氏を代表（当時）とし、専任教員八〇人前後を擁する災害科学国際研究所（今村文彦所長）を設置し、文理を融合した学際的研究を日常的に実践する場を整えた。新しい学問領域として歴史資料保存研究を掲げている。

アーカイブズの存在意義

満蒙開拓民、徴用船など大半の日本人が忘れかけた歴史を通して、また、阪神・淡路大震災や東日本大震災、中越地震など自然災害に苛《さいな》まれながらもそれを乗り越えようとする人々の姿を通して、記録を残すことが未来にとっていかに大事であるかを理解していただけたのではないかと思う。しかし、記録を残し記憶を伝えることを目的として設置された資料館にとって、果たすべき役割は伝えることだけにあるのではない。「探しもの」を見つけ、来館者の思いに応える重要な役割がある。

戦没した船と海員の資料館には、「祖父、あるいは父や伯父がどこで亡くなったか教えてほしい」という問い合わせがしばしば寄せられる。様々な記録の群れを探索し、最大限の努力をしてそれに応える。「戦没船を記録する会」のように自前の公開施設を持たずに活動している組織でも同様だ。ここにこそ、アーカイブズの大きな存在意義がある。

すでに解散してしまったが、南満州鉄道の社員、その家族たちが結成していた満鉄会という組織があった。敗戦後ほどなく、一人の中間管理職が後々のことを考え、部下の中国人社員の協力を得て日本人だけで一四万人に及んだ社員の名簿をつくった。戦争責任の証拠にもなりかねない名簿など中国から持ち出せるはずもなく、部下の中国人に後事《こうじ》を託したが、終戦から五年近くを経た一九五〇年六月、ビールを入れる木箱七箱に入った名簿が外務省気付で届いた。名簿はその後、何ものにも代えがたい満鉄会の宝物となった。

一冊A3判ほどの大きさで二五〇ページ前後。厚さは五センチほどにもなる。一欄ごとに細かい字で名前、所属、待遇、履歴などが記されている。全一一冊。東京支社があった赤坂の土地を売却し、社員全員に退職金を支払ったときの拠り所となったのが名簿である。その後の二〇〇七年、持ち主不明の年金記録が社会問題となったときにも、名簿が活躍した。会の解散で今は国会図書館に収められている。

公文書を収集して管理する公文書館（アーカイブズ）は決して、博物館や図書館のように多くの人が見学に訪れる場所ではない。来館者数は一桁も二桁も少ない。しかし、そこへ行かなければ得られることのない情報を蓄積しているのがアーカイブズである。

市町村立公文書館の一つとして古い歴史を持つ尼崎市立地域研究史料館（一九七五年設置）は、一九九〇年代前半に導入したレファレンス（照会、問い合わせ）業務を重視してきた。その方針を徹底するため、一件ずつ「相談業務記録票」に記録してデータベースを構築、サービスに活かしている。問い合わせの内容は、「尼崎城の瓦はどこにどう残って、どの建物に使われていたものなのか調べたい」「家の歴史について調べるため、昭和戦前期の新聞阪神版マイクロフィルムを閲覧したい」など地域に関する質問がほとんどだ。しかし、そうした問い合わせが積み重なることによって、地域住民の信頼を勝ち得てきた。

相談利用に訪れた人はレファレンスサービスを導入したころの年間約一二〇〇人が、二〇一五年度には二倍の同二四〇〇人超を数えるまでになった。小規模館ながら、「正規の専門職員三人を配置できている」（辻川敦館長）のは、市民・市役所が、地域研究史料館の果たしている役割を認めた結果であろう。二〇一八年秋には尼崎城の復元工事が完成する見込みであり、各所で開かれる勉強会への講師派遣依頼が相次ぎ、「日常業務に困るくらいに人気を集めている」と辻川館長は苦笑いする。

むすびに代えて——公文書問題再び

自分には何の関係もないように思える世界の出来事。肉眼で見るような至近距離で体験をすることはほとんどないとしても、時が経てば遠い世界で起きた出来事から何らかの影響を受ける可能性はそれなりにある。戦争は極めて直接的な災厄だが、そこまでいかなくても地球がこれだけ〝小さく〟なれば、何らかのかたちで経済的・社会的影響を受けると考えた方がよい。その意味で世界は時間、もしくは空間を通じてどこかでつながっている。

そうであるとすれば、自分がいるこの世界がこれからどこに向かって行こうとしているのかを多少なりとも考えておく必要がある。そのとき、拠り所となるのが「記録」ではないだろうか。

その「記録」の信頼性が今、揺らいでいる。国は行った行為を記録に残し、国民は記録を見て行為の正当性を確かめる。少なくとも、民主主義国家では当たり前だったはずのこのルールが、日本では最近、当たり前ではなくなった。国は平気でうそをつく。多くの国民はそう思い始めている。この国はどうなっていくのか。精神的に荒廃し、「人を見たら、泥棒と思え」というような国になるのだろうか。このまま いけば、そうなる可能性もある。そうならないでほしい、と願うばかりだ。どうすれば多少なりとも軌道を変えられるのか。何に注意すればよいのか、「記録」の視点から探ってみた。

「公文書を管理する」以前の問題

「ひど過ぎる。そう書いておいてください」。公文書管理法の制定に尽力した福田康夫元首相はそう語った。二〇一八年六月半ば、事務所を訪ねたときである。

モリ・カケ問題、自衛隊PKO派遣部隊日報問題など一連の公文書管理に関する報道は一七年二月から断続的に続いていたが、一八年六月初旬に財務省が経緯とともに今後の対策を発表、防衛省も同様に問題の経緯と今後の対策を公表したことによって、六月半ば以降、沈静化へ向かう雰囲気が漂い始めた。自民・公明の与党も公文書管理強化策の検討を進めた。管理法に罰則規定を盛り込むなどの案が出ているが、果たして本当の改善策となるのか。「今を基準に考えてはだめです。もう少し良心的だと思う」。福田さんは、あえて言葉足らずのような表現で語ったが、罰則に関しては否定的であった。「罰則規定があると、(処罰されないように) 文書を極力つくらない方向に行ってしまう」。文書をつくらないようになってしまえば、何のために公文書管理法を制定したのかがわからなくなってしまう。

森友学園問題、加計学園問題の真相はまだ明らかになっていない。新聞各紙の世論調査をみれば明らかな通り、国民はそう感じている。一見すると、杜撰な公文書管理が問題を引き起こしたかのような印象を受けるかもしれないが、公文書管理は問題の一側面であり、情報公開法、公文書管理法があったからこそ、完全解明とはいかないながらも問題が浮かび上がったのである。公文書を適切に管理し情報を公開する大前提となるのは、政も官も倫理観が備わっていることである。

なぜ公文書を管理するのかという原点に戻って考えた。公文書は政府や自治体など行政に携わる組織が政策を実行したり、法律を制定したりする際のプロセスを記録として残し、将来に備えて役立てる。さらに政策の遂行や法律の制定が適切であったか否かについて国民に説明する責任を果たすとともに後世の人が検証できるようにする目的がある。行政に携わる人にとっては、同じ過ちを繰り返さないための手立てであり、間違ったことはしていないということを証拠立てる手段でもある。それだけのことが、なぜかできない。何かに歪められて隠蔽したり、改ざんに走ったりする。

情報公開法施行前の大量廃棄

公文書管理法が制定される以前、公文書の管理は各省庁が個別に文書管理規程をつくり、それに従って運用してきた。決裁、供覧《きょうらん》等の処理手続きが終了した文書を公文書と定め、その管理、保存、利用などは行政機関内部の問題と位置づけていた。行政機関職員が従うべき事務処理の方針といったもので、公文書の閲覧、管理に対して国民が何らかの権利を持つという発想はなかった。その固定概念を打ち破る「鉾《ほこ》」となったのが一九九九年五月制定の「行政機関の保有する情報の公開に関する法律」（情報公開法）である。

決裁・供覧などの手続きの終了を要件とせず、行政機関の職員が職務上作成または取得した文書（図画・電子的記録を含む）で、当該行政機関の職員が組織的に用いるものとして当該行政機関が保有するものを「行政文書」と規定。誰もが開示を求める「権利」を認めた。一方、行政機関には開示する「義務」が生じた。

しかし、長年、行政機関で働いてきた人たちには青天の霹靂《へきれき》にも近かったろう。廃棄することが、ごく普通に「是」とされてきたのだから。情報公開法が施行になる前年（二〇〇〇年）度に大量の公文書が廃棄されていたことがわかった。調べたのは、NPO法人情報公開クリアリングハウスである。どうやって調べたか。

省庁が文書を廃棄処分するには、文書などの廃棄を専門とする業者を公募し、入札を行う。NPO法人はこの際の廃棄処分に関する情報の開示を請求したのである。廃棄処分に関する情報だから、当然ながら内容などはわからない。わかったのは廃棄した文書の重量であった。その結果、農林水産省は約二三三トン（一九九九年度は約一一トン）、財務省は約六一九トン（同約二六九トン）、警察庁は約二〇〇トン（同約一一〇トン）、環境省は約一二七トン（同約五六トン）などとなっていた。二〇倍を超えた農水省は論外として、ほとんどの省庁がおおむね二～三倍に増えていた。

ちなみに、二〇〇一年度の廃棄量をみると、たとえば農水省の場合だと二〇〇〇年度の二三三トンから三〇トンに激減している。また警察庁も二〇〇トンから約二二トンと激減。各省庁が二〇〇一年四月施行の情報公開法にいかに「対処」したか、十分に察することができる。

もっとも、外務省は廃棄量こそ多かったものの、一九九九年度約一〇三〇トン、二〇〇〇年度約一二八〇トン、二〇〇一年度約九七四トンと一〇〇〇トン前後を保持しており、年度による大きな増減はなかった。

続いた様々な「抵抗」

情報公開法施行に対する省庁の「抵抗」は大量廃棄だけでは終わらなかった。施行後何年も、対象文書が存在しないこと（文書不存在）を理由にした情報の不開示決定が相次いだのである。先に一部を紹介したが、総務省が行った情報公開法の施行状況調査によると、公開法が施行された年の二〇〇一年度から二〇〇九年度までの九年間で、「文書不存在」を理由に「不開示決定」となった文書が九・九％もあった。二〇〇一年度は約一六％だったが、その後九～一〇％前後で推移、二〇〇五年度に約一五％、二〇〇六年度に約一九％と跳ね上がったものの、翌二〇〇七年度から低下し、二〇〇八年度、二〇〇九年度はともに五％台となった。

情報公開を請求する権利は認められたが、公文書が適切に管理されていないために開示されない事例が少なくないとの実態が明らかになった。右崎正博《うざきまさひろ》独協大法科大学院教授は「情報公開請求に対する決定全体の四・四四％が文書不存在により不開示、不開示決定全体のうち約一〇％が文書不存在によるものという事態は、やはり制度的な欠陥という以外にない」（『情報公開を進めるための公文書管理法解説』）と指摘した。

こうした状況のなかで、前述したように、年金記録問題、C型肝炎患者リスト放置問題、自衛艦航海日誌廃棄問題など杜撰な文書管理の実態が明るみに出て、公文書管理法制定に結びついていった。しかしながら、公文書管理法の施行直前に起きた東日本大震災の復旧・復興に関する重要会議で議事録、議事要旨が作られていなかった問題が後に発覚、管理法施行前とほとんど変わっていない公文書管理の実態が明らかになった。

沖縄返還をめぐる日米の密約

さらに、民主党政権となった後、かねて疑惑が指摘されていた日米外交密約をめぐる情報開示問題が浮上した。岡田克也外相（当時）は政権交代前の二〇〇九年三月、「政権交代があった場合には、密約を公開する」と明言していた。このため岡田氏は外相就任後ほどなく、有識者会議の設置とともに省内の調査を命じた。

対象となったのは、

①一九六〇年一月の安保条約改定時に、核積載艦が日本に寄港、ないし通過する際、本来は必要な事前協議の対象からはずす。

②同じく一九六〇年一月改定時の、朝鮮半島有事の際、駐留米軍の戦闘行動を事前協議なしに認める。

③一九七二年の沖縄返還交渉時の、有事の際の核再持ち込みを日本側が事前

を与える。

④一九七二年の沖縄返還交渉時の、米軍用地の原状回復補

――とした四つの密約で、有識者会議は③を除く三件に密約があった

二〇一〇年三月に公表された報告書に関連する資料として、秘密指定を解除された五〇〇〇ページを超える外交文書が外務省のホームページで公開されている。一九五九年七月六日、首相官邸で岸信介首相、藤山愛一郎外務大臣らの日本側と、マッカーサー大使（マッカーサー連合国最高司令官の甥）をはじめとする米国側によって行われた会議の記録は「極秘」の印が押されている。少々読みにくい手書きの文字で「しかしながら第二点、即ち日本にある米軍が朝鮮にある国連軍を積極的に助ける必要が生じた場合（三文字黒塗りあり）、日本側に事前に協議しなければならないという約束はなし得ない」などと書かれ、会議の雰囲気までうかがえそうな記述が見てとれる。

さらに驚くべき事実が判明する。有識者委員会の調査が行われている最中に、密約合意文書が見つかった。密約合意文書は、沖縄の返還後に有事が生じて米政府が再び核を持ち込む場合、日本側は米側に事前協議で承諾を与えるという内容で、佐藤栄作元首相の遺品のなかに残されていたことがわかったのだ。

「国家間の密約に関わる重要な文書が、密約に関与した当事者によって私蔵されるという、この説明し難い公文書管理の現状が浮き彫りになった」（右崎正博・三宅弘編『情報公開を進めるための公文書管理法解説』）。

しかも、密約を裏付ける重要な文書が、情報公開法施行を目前にした時期に行方不明になっていることが判明。破棄されていた可能性も高い。

日米間の密約問題を調査するために行われた国会での審議に、参考人として出席した東郷和彦元外務省条約局長は、在任中、最重要文書一六点を含む五八点の関連文書を後任の谷内《やち》正太郎元外務次官に引き継いだが、有識者委員会の報告書にそのすべてが出されたわけではなかった。

「外務省の内情をよく知ると思われる人から、情報公開法の施行の前に、本件に関連する文書も破棄されたという話を聞いたことがありました」（第一七四国会外務委員会会議録、二〇一〇年三月一九日）と証言している。ちなみに、谷内氏は現在、国家安全保障局長兼内閣特別顧問（国家安全保障担当）を務める。

沖縄密約に関しては、一九七二年の外務省公電漏洩事件がある。一九七一年一二月七日、一九七二年三月二七日の衆議院予算委員会で、社会党（当時）の横路孝弘議員が、沖縄返還協定の取り決めがあるにもかかわらず、軍用地復元補償の費用四〇〇万ドルを日本が負担する密約の存在を指摘、それを裏付ける外務省公電三通の写しがあると追及した。当時は情報公開法などない時代。密約の存在を世に問うには、報道によるか国会の場で質す以外になかった。毎日新聞の西山太吉記者は取材で得た資料を横路議員に提供し、横路氏が質問に及んで世間の耳目を集めた。佐藤栄作首相をはじめ閣僚や外務省幹部は事実でないと否定し続けた。

結局、情報をリークした外務省事務官は国家公務員法違反、西山記者も事務官と「情を通じて」「そそのかした」罪に問われ、最終的に有罪となった。「密約」の是非を問わなければならなかったはずの事件が、いつの間にか情報の「漏洩」を問う事件にすり替わっていた。

国民の「知る権利」の保障

その後、我部《がべ》政明《まさあき》琉球大教授は米国の情報自由法に基づき、沖縄返還に伴う日米政府間の密約の存在を裏付ける米国側の公文書を入手して検証。結果は朝日新聞が報道（一九九八年七月一一日付夕刊、二〇〇〇年五月二九日付朝刊）した。それでも、日本政府は存在を否定し続けた。

その後、西山元記者、我部教授、ノンフィクション作家澤地久枝氏らが情報公開法に基づき外務大臣、財務大臣に対して密約を示す行政文書、関連文書の開示を請求。二〇一〇年四月の一審判決は密約文書の存在と国による保有を認めたが、二〇一一年九月の二審高裁判決は一審判決を取り消し、文書は情報公開請求時には存在していなかったと結論する一方で、国は密約文書を保有していたと認定した。最高裁は二〇一四年七月一四日、「国が文書を保有していると認めるに足りる証拠はない」として、二審判決を支持。文書不開示の判決が最終的に確定した。

この密約文書情報公開訴訟では、当時の外務省アメリカ局長であった吉野文六氏（二〇一五年三月死去）が原告側証人として出廷し、密約があった旨の証言をした。しかし、一審判決が覆ったのみならず、上告審では「行政機関が文書を保有していたことの立証責任は原告側が負う」とした初の判断を示した。

右崎教授によれば、公文書管理法は、第一に、目的規定として政府の説明責任に加えて、公文書が「国民共有の知的資源として、主権者である国民が主体的に利用し得るものである」と謳ったが、国民の「知る権利」の保障は、結局明記されなかったと指摘する。情報公開法制定に際しても、同様の議論がありながら「知る権利」の明記は見送られており、政府保有情報に対する開示請求権は、「この法律によって創設された権利」であるとされるにとどまったとする。「憲法上の人権としての『知る権利』を具体化するものという位置づけがあいまいにされてしまった。そのため、せっかく認められた開示請求権に対する様々な制約が、立法上の措置として残されることとなった」（『情報公開を進めるための公文書管理法解説』）。

この結果、公文書に対する国民の「権利」性が希薄なものとなり、国民が公文書を利用する「権利」を具体化するという観点が徹底しないものにとどまっているのではなかろうかと右崎氏は指摘している。情報公開法、公文書管理法の見直し、改正の議論を進めるなかで「知る権利」の明記を図っていく必要がある。

情報公開法の改正は大きな課題

情報公開法の改正については、民主党政権時代の二〇一〇年に内閣府特命担当大臣（行政刷新）の枝野幸男衆院議員を座長として設置した行政透明化検討チームが検討を進めた経緯があった。大臣案は、目的の改正として第一に、「国民の知る権利」を明示すべきではないかとした。続く第二の論点として不開示の範囲等に関して改正し、個人に関する情報、法人等に関する情報、国の安全、公共の安全等に関する情報について不開示とする情報に制約を加える方向で検討。このほか開示・不開示が裁判で争われたとき、裁判官が当該の文書を直接見て判断できる「インカメラ審理」の導入などについて提案、府省庁や識者の意見を聞いたうえで改正案をまとめる手はずだった。

二〇一〇年七月開催のヒアリングでは、ほとんどの省庁が回答しなかったのに対し、国税庁は唯一「国民の知る権利」を明記することに「基本的に賛成」を表明した。

一方、不開示の範囲を狭めることについては警察庁、防衛省、外務省の三省庁の担当者が異議を唱えた。公務員の個人名公開は、誹謗中傷にとどまらず盗聴、襲撃されるおそれがあるとして開示に反対を表明。またインカメラ審理についても、機密情報を法廷に持ち込むことを懸念する声が相次いだという。しかし、政権交代によって民主党は政権の座を降り、改正案が陽の目をみることはなかった。安倍政権が誕生して後は、情報公開法改正の議論は起きていない。

しかし、公文書管理の現状を少しでも前に進めるため、情報公開法の改正は大きな課題である。その一つは、情報公開法で規定している行政文書の定義である。行政文書は、行政機関の職員が職務上作成または取得した文書で、組織的に用い、行政機関が保有するものをいう。森友学園問題や加計学園問題では、廃棄したはずの記録が後に発見される場面が何度もあったが、内閣府などはいずれも行政文書ではなく「個人メモ」「手控え」などと言い募り、行政文書と一線を画すことに執心した。組織的に用いなければ、行政文書には当たらないと解釈できる現行法を変え、行政文書の規定をはずすべきではないだろうか。

弘前市議会の事務局が保管していた会派代表者の会議記録メモについて、青森地裁は二〇〇七年一一月、「組織的に用いることが可能な状態に置かれている」として市民団体の申請に対する不開示決定の取り消しを命じ、「会議記録メモは公文書」と位置づけた判例がある。

実際に利用されていた現用文書の保存期間が満了して非現用文書となり、そのなかから歴史的価値を持つ文書を公文書館等に移管して永久保存し、公開する。公文書管理法は、現用文書から非現用文書への流れを「シームレス」につなぐと期待されたが、管理法施行後も流れは予期したほどスムーズになってはいない。前述した移管率が管理法施行後の方がむしろ、低くなっていることからも明らかである。国立公文書館の人員が少ないという理由もあるが、流れの上流にある現用文書の管理を適切に行わないと、スムーズな流れはつくれない。

欠かせぬ専門職の存在

スムーズな流れをつくるための第一歩は、保存期間の設定と期間満了後の措置である。決まりきった事柄を扱う場合は前例に従うことができる。しかし、全く経験したことのない事柄を扱う場合、保存期間をどの程度に設定するか、保存期間満了時の措置をどうするかを決めるのはそう簡単ではない。その時その時の社会情勢、国際情勢、政治や経済の状況といったものを勘案、あるいは予測しながら設定するが、「機構改革だけでも役所のなかの価値観が変わることもあり、一〇年前に保存期間を設定した記録を再考することがある。専門職といえども容易ではない」と、ある地方の県立公文書館の専門員は証言する。

米国では現用文書を扱う専門職をレコードマネジャーといい、主に非現用文書を扱う専門職をアーキビストと称する。文書管理に関する専門職、特にレコードマネジャーがほとんどいない日本では、両者を兼務することも珍しくない。円滑な移管を実現するにはそうした専門職の存在が欠かせない。

公文書管理の専門職を政府の組織内に配置し、政府全体の流れをコントロールしている事例がフランスのミショネール制度である。これに倣い、内閣府は二〇一八年四月から、国立公文書館の専門職の助言を受けるための体制づくりに乗り出した。内閣府の文書管理を主管する総務課で試行の準備を始めており、評価選別をはじめとする具体的な作業についてどのような時期に実施していくかの枠組みを設定し、二〇一九年度以降、内閣府以外の省庁にも広げていく方針だ。

また国立公文書館はアーキビストとはどのような仕事をする専門職であるかを明確にするため、地方公共団体が設置している公文書館やアーカイブズ研究者の意見を聞き、年内をめどに職務基準書を作成する。同館はアーキビストの資格制度も検討している。

縮まらない「先進国」との格差

しかし、先進的に取り組む北欧諸国やイギリス、アメリカなどと比較すると、格差は縮まるどころかますます拡大しそうな状況だ。なぜなら、公文書の管理そのものが大きく変わろうとしているからだ。業務の細分化、複雑化に加えて電子化、デジタル化が進んでいるためである。以前なら電話で済ませていた簡単な打ち合わせなども、最近では電子メールでのやりとりが普通になり、重要な案件でもメールで情報交換する場面が増えてきた。

アメリカのNARAでは「キャップストーン・アプローチ」と呼ばれる仕組みを導入している。キャップストーンとはピラミッドの冠石《かむりいし》を表す言葉で、政府機関の幹部職員の中でも意思決定に権限を持つような上級幹部職員のメールをすべて永久保存するという手法だ。それ以外の職員のメールは七年間保存した後、残すべき理由が特になければ廃棄される。

日本ではこれまでメールに関するルールは一部省庁を除き、定まっていなかったが、二〇一七年一二月改正のガイドラインで、審議会などの連絡に電子メールを使った場合、行政文書に該当するものが含まれていれば適切に管理するように定めた。ガイドライン改正以前に、情報公開クリアリングハウスが情報公開請求して収集した各省庁の電子メールの取扱い状況では、たとえば環境省ではセキュリティーの観点から極力サーバーにメールを残しておかないように薦めており、職員個人に貸与されたパソコンにメールがたまった状態であろうと推測、扱いについては取り決めがなされていなかった。

また財務省は行政情報課LANシステム取扱規則でメールボックスの保存期間を六〇日と設定、職員は必要な電子メールは外部電磁的記録媒体に保存するなどの措置を講じ、読み終えたメール、必要がなくなったメールは速やかに削除することを義務付けていたという。

メールを原則行政文書としていたのは、公正取引委員会と外務省というが、「公取はメールを原則一年未満の保存期間文書とし、かつ個人文書と一緒に保存しているので、事実上管理されていない行政文書であるので、他省庁と特筆すべき違いはない」（情報公開クリアリングハウス「レポート」二〇一八年二月）としている。

さらに、公用のメールについてはともかく、出先などではLINEなどで職員同士が連絡を取り合っているともいわれる。毎日新聞は二〇一八年五月一日付紙面で、政務三役の経験者が在任中、政権運営に影響しそうな情報を、自分が属している省庁が入手した際、私用の旧型携帯電話（いわゆるガラケー）のメールで首相官邸幹部に「速報」していたという記事を掲載した。日程調整や事務連絡はＬＩＮＥ、大臣との連絡は私用携帯電話のショートメールなどと使い分けしていたと話した政務三役経験者もいたという。公用メールが整備されず、個々人が多種多様な方法で連絡を取り合っている実態を紹介している。

米国ではヒラリー・クリントン元国務長官が、私用メールアドレスを公務に使ったことで情報管理の甘さが指弾され、大統領選に敗れる一因となった。日本でも、ルールの整備は喫緊の課題と言えそうだが、二〇一八年七月三日に開いた閣議で、立憲民主党の逢坂誠二衆院議員が提出した、「最低数年間保存し、局長級以上の幹部職員の電子メールについては永久保存すべき」とする質問主意書に対し、政府は電子メールの保存期間を設定するのは適当ではないとの答弁書を決定した。

与党ワーキングチームの公文書管理強化策

公文書をはじめとするアーカイブズの管理の在り方を論ずる際に気をつけなければいけないのは、論ずる範囲があまりに広く、かつ深いため、ともすると議論が拡散しやすく、議論を重ねても、結局、焦点を絞り切れないままに終わってしまうことである。取り組むべき課題を掲げるだけでなく、何を優先するかについても議論をしていく必要がある。ただ、これが容易ならざることであるのは言を俟《ま》たないが……。

与党・公文書管理の改革に関するワーキングチーム（座長・新藤義孝元総務相）が二〇一八年四月二七日に公表した「公文書管理の改革に関する中間報告」をもとに、自民・公明両党のなかでどんな議論が交わされたのかをみてみた。

中間報告では、（1）としてすでに取られた政府の対応を検証・評価するとともに、（2）として政府への追加的措置の要請、さらに（3）として今後のさらなる包括的・総合的対応の検討という三段階のアプローチによる対応策をまとめた。

このうち、政府に求める追加的措置では、「今後作成する公文書を原則電子文書として保存するとともに、検索が容易な保存システムを構築すること」などを求める一方、「内容についての正確度を（中略）明記するよう、内閣府・公文書管理委員会において全府省共通のひな型の作成を求める」とした。

さらに今後のさらなる包括的・総合的対応の検討では、「各府省における文書管理を専門的・客観的な視点からチェックしていく体制・ガバナンスの構築」など一一項目にのぼる対策をまとめた。七月の最終報告では、省庁全体の文書管理の司令塔となる独立の専門ポストとして「政府CRO（チーフ・レコード・オフィサー）」の新設なども求めた。CROは、各府省庁に公文書に関する報告や資料提出などを求める権限を持つという。新藤座長から報告書を受け取った安倍首相は報告書を踏まえて七月二〇日に行政文書の管理等に関する閣僚会議を開き、再発防止策を決めた。特定秘密を扱う内閣府の独立公文書管理監を局長級に格上げして政府CROとし、その下に公文書監察室を置いて各省庁の文書管理をチェック。各府省には審議官級の公文書監理官（各府省CRO）を配置して実効性あるチェックを行う。

また電子的な行政文書の管理については、公文書管理委員会の有識者による議論を進めて二〇一八年度中に、作成・保存から廃棄・移管までを一貫して行う仕組みの構築について基本的な方針を策定する。

しかしながら電子化の推進にしても、システム構築は総務省の領域である。公文書管理を担当する内閣府はどのようにして連携していくのか。いずれにしても短期間で対応できるとは思えない課題である。さらに言えば、独立公文書管理監は特定秘密に関するお目付け役という役割を担ってはいるものの、これまでのところ情報公開に前向きな様子はうかがえなかったのみならず、管理監としての基本的な考えを表明する機会もなかった。果たして、CROが本当に機能するのかなど、心配のタネは広がる一方である。

そんなことを記した直後、経済産業省が省内外での打ち合わせの記録について「議事録のように個別の発言まで記録する必要はない」と指示していたという話が毎日新聞に掲載（二〇一八年八月三〇日付）された。三月二十七日に開催した、筆頭課長補佐級職員約二十人が出席する「政策企画委員会」で、事務連絡資料として配布したもので、A4判で六枚。公文書管理ガイドラインの改正を受けて、公文書管理を担当する情報システム厚生課が作成した。記事によると、会議に出席したある職員は、「文書を示され、『(これから言うことは)メモを取らないように』と前置きがあったうえで『誰が何と言ったか分からないように、議事録は残してはいけない』と指示された」と証言した。

「正確性の確保」を強調した改正ガイドラインが事実上、骨抜きになるおそれがあるとの批判を受けてか、経産省は九月四日、内閣府に新設されたばかりの公文書監察室の担当者を省内の会議に招き、説明を受けた。同監察室は今後、全府省の公文書管理の実態調査を二〇一八年度中に行う方針だ。

それにしても、経済産業省はガイドラインの趣旨に反する指示をいかなる理由で行ったのか。ちなみに、同省を率いる世耕弘成大臣は二〇〇五年に発足した公文書館推進議員懇談会に名を連ねた二十人の与党議員の一人であり、筆者のインタビューも受けていただいた。公文書管理に対する熱い思いを蘇らせてほしいものである。

管理状況を厳しく監視するのも悪いとは言わないが、むしろ世界的な「標準」となっている、保存期間三〇年で原則として文書を公開する「三〇年原則」(最近はより短縮化する方向にある)や「知る権利」の法律上の明記、国立公文書館を内閣府と一体化して外庁

（公文書管理庁）とする、もしくは特別な法人（公文書管理院）に昇格させるなど組織上の変革に踏み込むほか、一定の年月を経過した現用文書を集中的に保管し、公文書館への移管を円滑化するための「中間書庫」の設置などに取り組んだ方が、より効果が大きく透明性も高まるのではないだろうか。

情報公開クリアリングハウスの三木由希子理事長は二〇一八年七月二六日、レコードマネジャーがつくる国際的な組織、ＡＲＭＡインターナショナルの東京支部が主催したシンポジウム「公文書問題の本質と改善策」で語った。

「公文書管理法というと、『健全な民主主義の根幹を支える国民共有の知的資源』という文言を多くの人が思い浮かべる。しかし私は、『行政が適正かつ効率的に運営されるようにする』、『国などが諸活動の説明責任を果たす』ことが最も重要な点（目的）だと思う」。

公文書をはじめとする多様なアーカイブズ（記録資料）が理解されにくいのは、多様な価値観がそこに反映されているからではないだろうか。特に日本では、アーカイブズに関する研究やその意義に対する認識が深まっていないこともあって、欧米に比べ普遍的なアーカイブズ観が形成されていない。たとえば歴史・文化を知るための「知的資源」と考える人がいる一方で、将来世代を含めた国民に対する「説明責任を全うするための証拠」と考える人もいる。どちらも重要な要素であり、片方だけで済むわけではないのだが、どちらに重きを置くかによって公文書などアーカイブズに対する基本的な構えも違ってくる。外部からみると、それぞれがどこに力点を置くかによって異なった主張をしているようにさえみえて、ますますわかりにくくなっているような気がする。「歴史公文書」という言葉ひとつを考えても、そう簡単ではないことがわかる。「歴史的に重要」といっても、人によって価値観が異なれば当然、判断も違ってくる。というより、「歴史的か否か」の判断を迫られる現場の身になって考えると、多くの人ができるものなら判断を留保したくなる気持ちもわからなくはない。組織のなかに、相談できる専門職がいたらどれほど心強いことだろうか。

このようなことを考えただけでも、日本の公文書管理体制はあまりに未整備なのである。公文書管理というとすぐ、筆者自身もアメリカのNARAの事例を持ち出すが、訴訟社会と言われるアメリカと日本では基盤となっている文化も社会理念も異なる。参考になる海外の事例を取り入れながら、議論を重ねながら日本に合った公文書の管理システムをつくりあげていく必要があるのではないだろうか。

理念なき国家

いつも不思議に思うのだが、日本という国では、どのような問題であっても全体を見渡しての議論が少ない。欧米に倣うのは明治以来の「伝統」かもしれないが、一部を取り入れて日本独自のシステムにつくり変える。公文書館制度にしてもそうだ。明治初期の遣欧使節団は欧米を視察して博物館、図書館は導入したのに、公文書館は除外した。

最近でいえば、特定秘密保護法である。どの国も、国家としてただちに公開できない情報があるのは当たり前である。問題は、保全する情報と公開する情報のバランスである。エドワード・スノーデンの情報漏洩問題で世界は初めて、アメリカ合衆国の情報収集活動のすさまじさを知ったが、そのアメリカでは一方で秘密解除のこまかな規程を定めている。

一例をあげれば、いかなる情報も期限を定めずに機密指定されてはならず、不明確な期間表示がなされている情報、不完全な機密解除に関する指示を含む機密情報、または機密解除に関する指示のない機密情報は、大統領令三条に基づいて機密解除される。

これに対し、特定秘密保護法は、第四条で特定秘密の指定期間を「当該指定の日から起算して五年を超えない範囲内においてその有効期間を定めるものとする」、同第三項で「指定の有効期間は、通じて三十年を超えることができない」などとしているだけである。実際の情報ではなく、頭の中で考えた情報を秘密指定していたものさえある。延長する場合でも、「政令で定めるところにより、五年を超えない範囲内においてその有効期間を延長するものとする」で片づけている。さらに解除については、解除した時の措置を記述している程度である。

行政を監視するはずの国会のふがいなさが目に付いて仕方がない。ついでに言えば、司法も行政に引っ張られている感覚を否定できる人はそう多くはないだろう。特に上級審になればなるほどその傾向が強い。と考えてくると、三権分立の問題に突き当たる。三権分立は誰でも教科書で習って言葉として覚えてはいるが、実感できない概念の一つである。『広辞苑』によれば、「権力の濫用を防ぎ、国民の政治的自由を保障するため、国家権力を立法・司法・行政の相互に独立する三機関に委ねようとする原理。一八世紀、ロック及びモンテスキューの主張。近代憲法に顕著な影響を与えた」とある。国会の現状などをみていると、どうやら、三権分立は建前だけだったらしい。

行政がいかに強力であるかを象徴するような話がある。大森彌《わたる》著『官のシステム』（東大出版会）によると、幕末から明治初年にかけての国民国家形成の当初、「行政」でなく、「立法」「司法」と語法を一にして「行法」という言葉が使われたことがあるという。

五か条の御誓文に基づき明治元年（一八六八年）閏四月二十一日に発せられた「政体ヲ定ム」（政体書）は、天下の権力は総て太政官（中央政府）に帰するものとした上で、「太政官ノ権力ヲ分ツテ立法行法司法ノ三権トス則偏重ノ患無ラシムルナリ」として三権分立体制を打ち出したという。

「行政」とはまさしく「政《まつりごと》を行うこと」であり、「法を行う」という意味の「行法」とは違う。天皇を中心とした国家が形成される段階では、「未だ『立法』と『行法』によって政治を行える状態は整っておらず、『立法』と『行法』を一体化した『行政』によって政治を担当することが必要であると考えられた」（同書）とする。

天皇を補佐する「輔相」（後の内閣総理大臣に該当）が行った「行政」が「行法」を駆逐し、「行政」が日本近代統治の重要な骨格を形成する活動になったといえると大森氏は指摘。「官《つかさ》は、明治初期以来の『行政』を実践してきたといえるかもしれない」（同書）とする。

日本をどのような国にしたいのか

二〇一八年は明治維新から一五〇年にあたる。全国各地で記念行事が行われているが、何のことはない。明治の初めのころから現代まで「行政」は脈々と生き続けてきたのである。しかし、新憲法のもと象徴天皇制となってもう七〇年余が過ぎた。「行政」はそろそろ、新しい役割を担う時代に入ったのではなかろうか。

「国民主権」を私たち国民はもっと自覚しなければいけない。何事につけ、国民は国が行方を決めることに関心を持つ必要がある。そのために取り組むべきことは、山のようにある。手がかりは「記録」であり、どのような理念をもって国家を支えていくのか、一人ひとりが問われている。福田康夫元首相は「文書が記録として残って、日本という国をかたちづくるのです。曖昧な記録しかなかったら、日本は他国から見て信用できる国なのかどうかが問われることになります。記録をしっかり残すことは、世界から信頼を勝ち得るための大前提です」(『ライブラリー・リソース・ガイド』二〇一七年冬号)と指摘している。

私たち国民は今、日本をどのような国にしたいかを問われているのである。

【著者】
松岡資明（まつおか ただあき）
1950年栃木県生まれ。73年北海道大学卒業後、日本経済新聞社に入社。大阪本社文化担当部長、東京本社文化部編集委員などを歴任し、2015年に退社。2014年から内閣府国立公文書館の機能・施設の在り方等に関する調査検討会議委員を務める。著書に『日本の公文書――開かれたアーカイブズが社会システムを支える』（ポット出版）、『アーカイブズが社会を変える――公文書管理法と情報革命』（平凡社新書）、共著に『歴史知識学ことはじめ』『アーカイブのつくりかた――構築と活用入門』（ともに勉誠出版）がある。

平凡社新書 895

公文書問題と日本の病理

発行日――2018年10月15日　初版第1刷

著者――松岡資明

発行者――下中美都

発行所――株式会社平凡社
東京都千代田区神田神保町3-29　〒101-0051
電話　東京（03）3230-6580［編集］
　　　東京（03）3230-6573［営業］
振替　00180-0-29639

印刷・製本―図書印刷株式会社

装幀――菊地信義

ISBN978-4-582-85895-2
NDC 分類番号317.6　新書判（17.2cm）　総ページ224
平凡社ホームページ　http://www.heibonsha.co.jp/